SUTTON
VERLAG

Michael Thonet sen., Begründer der Firma Gebrüder Thonet. Porträt von Aloys Rump, angefertigt im Jahre 2008 für die neue Stadthalle in Boppard; Siebdruck auf kunstharzgespachtelter Tischlerplatte, 150 x 130 cm.

Heinz Kähne

Die Thonets in Boppard

Der Autor

Heinz Kähne wurde 1955 in Boppard geboren und lebt heute in der Kleinstadt am Rhein. Er ist tätig in der Lehrerausbildung des Landes Rheinland-Pfalz (Studienseminar) und widmet sich in seiner Freizeit dem Phänomen Thonet. Der passionierte Bugholzmöbel-Sammler und -Restaurator forscht seit Jahren intensiv zur Geschichte der Familie und des Unternehmens und veröffentlichte 1999 unter dem Titel „Thonet – Bugholz-Klassiker" ein viel beachtetes Fachbuch. Als Vorsitzender des Bopparder Verkehrs- und Verschönerungsvereins steht er in direkter Nachfolge von Franz Thonet, der in den 1880er-Jahren das Amt des Zweiten Vorsitzenden dieses Vereins innehatte.

Sutton Verlag GmbH
Hochheimer Straße 59
99094 Erfurt
www.suttonverlag.de

ISBN: 978-3-86680-368-8

Gestaltung und Herstellung: Markus Drapatz
Druck: Books on Demand GmbH, Norderstedt, Deutschland

Inhaltsverzeichnis

Danksagung 6

Vorwort 7

I. Boppard – Heimat der Familie Thonet 9

II. Schichtverleimte Möbel 21

III. Michael Thonet verlässt Boppard 31

IV. Die Weltausstellung 1851 in London 37

V. Gretel May und Michael Thonet jun. – Eine unerfüllte große Liebe 45

VI. Das Thonetsche Rad 53

VII. Facetten der Erfolgsgeschichte der Firma Gebrüder Thonet 61

VIII. Die Rückkehr von Franz und Michael Thonet jun. nach Boppard 87

IX. Spurensuche: Thonet in Boppard heute 113

Epilog 121

Weiterführende Literatur (Auswahl) 125

Kataloge und Katalog-Nachdrucke der Firma Gebrüder Thonet (Auswahl) 127

Bildnachweis 127

Danksagung

Ich möchte mich an dieser Stelle bei allen bedanken, die dieses Buchprojekt unterstützt und mir dabei geholfen haben, diese Familienbiografie mit zahlreichem bislang unveröffentlichtem Material zu versehen. Ihre Archive haben für mich geöffnet: Elisabeth Fußhöller, Anke-Maria Thonet, Vera Kellner, Dietmar Lorch, Hans-Josef Henrich, Hans Thiel, Lutz Stedler, Viktor Knoll, Werner Treichel, Franz-Josef Breitbach, E.M. Hermanspahn, Rudolf Kleewein, die Rheingässer Nachbarschaft Boppard, das Museum der Firma Thonet in Frankenberg sowie das Museum der Stadt Boppard.

In besonderer Weise möchte ich Peter Ellenberg danken, der mir durch großzügige Informationen aus seinem umfangreichen Archiv auf fachlicher Ebene wertvolle Unterstützung gegeben hat.

Darüber hinaus gilt mein Dank den beiden Transkriptoren Klaus-Peter Neumann und Armin Henn, die in mühevoller und zeitintensiver Arbeit alte Handschriften entziffert haben.

Unverzichtbar waren auch die wertvollen Berater, Fotografen, Helfer und Medientechniker: Carola Kähne, Christine Kähne, Jürgen Johann, Frank Schröder, Franz und Franzwerner Junker, Hans-Dieter Kreuz, Rudolf Decker, Dieter Staedeli sowie Julio Vives Chillida. Ihnen gilt ebenso mein aufrichtiger Dank.

Vorwort

Thonet – die bloße Erwähnung dieses Namens lässt die Augen von Möbelkennern und -sammlern auf der ganzen Welt aufleuchten. Denn die als „Kaffeehausstühle“ oder „Wiener Möbel“ bekannten eleganten Bugholzkreationen der Firma Gebrüder Thonet gelten bis heute als Klassiker modernen und innovativen Möbeldesigns. Ihr Schöpfer, der Bopparder Schreinermeister Michael Thonet, war nicht nur ein genialer Techniker und Konstrukteur, sondern auch ein weitblickender Unternehmer und Marketingspezialist. Mit zahllosen technischen Innovationen, der Standardisierung der Einzelelemente und dem Prinzip der Selbstmontage seiner Möbel legte er vor über 150 Jahren den Grundstein für den weltweiten Erfolg und das Renommee der von ihm gegründeten Firma.

Auch wenn Michael Thonet der unternehmerische Durchbruch in Wien gelang und von dort aus der Markenname Thonet um die Welt ging, ist doch die beispiellose Erfolgsgeschichte nicht ohne die Bopparder Ursprünge denkbar. Denn bei den Küfern seiner Heimatstadt kam Michael Thonet als Kind wahrscheinlich erstmals mit der Formgebung von Holz durch Biegen in Berührung, und in seiner Schreinerwerkstatt am Rhein produzierte er 1836 den schichtverleimten „Bopparder Stuhl“, dessen Erfolg ihn zu weiteren Experimenten mit gebogenem Holz anregte. Diese führten schließlich zur Eleganz der Bugholzstühle, mit denen Thonet auf der Londoner Weltausstellung 1851 Aufsehen erregte.

Diese Ursprünge und die lebenslange Verbundenheit der Familie Thonet mit ihrer Heimatstadt sind der Grund, sich dem Phänomen Thonet in diesem Buch einmal auf völlig neue Art und Weise zu nähern und die bislang vorliegende Literatur um eine wichtige Facette zu ergänzen. Die thonetsche Unternehmensgeschichte dient dabei zwar als roter Faden, doch liegt der thematische Schwerpunkt auf den wirtschaftlichen und familiären Bindungen der Thonets an Boppard. Gerade die vielen kleinen und nur auf den ersten Blick unwichtig erscheinenden Begebenheiten und Ereignisse rund um Michael Thonet und seine Söhne Franz, Michael jun., August, Josef und Jacob spiegeln auch einen Teil der Bopparder Lokalgeschichte des 19. Jahrhunderts wider.

Anhand zahlreicher hier erstmals vorgestellter Originaldokumente und Zitate werden Leben und Wirken der Thonets in Boppard wieder lebendig.

Um das charakteristische Kolorit der Zeit so authentisch wie möglich darzustellen, wurde aus den hier zitierten Briefen, Berichten und Artikeln die originale Rechtschreibung übernommen. Auch wenn der heute zuweilen etwas umständlich anmutende Stil und die Art der Darstellung bestimmter Ereignisse zum Schmunzeln anregen mögen, machen gerade diese Zeitzeugnisse das Buch interessant und lesenswert.

In diesem Sinne wünsche ich allen Thonet-Freunden eine unterhaltsame Lektüre.

Boppard, im August 2008
Heinz Kähne

I. Boppard – Heimat der Familie Thonet

Dort, wo das Rheintal beidseitig vom Hunsrück und vom Taunus begrenzt wird, wo Weinberge das Bild der steilen Hänge prägen, wo der Rhein seine größte Schleife zieht, dort liegt das Städtchen Boppard. Von den Römern als Kastell begründet (ein Teil der römischen Stadtbefestigung ist noch immer zu bewundern), nennt sich die Stadt heute zu touristischen Werbezwecken gern „die Perle im Tal der Loreley". Hier beginnt die Geschichte eines Mannes, dessen Name zum Inbegriff von Möbeln aus gebogenem Holz werden sollte und der heute untrennbar mit der Bopparder Geschichte verbunden ist: Michael Thonet.

Zeitgeschichtlicher Hintergrund

Im April 1792 erklärte das revolutionäre Frankreich den Monarchien in Österreich und Preußen den Krieg, in den später auch die anderen europäischen Großmächte wie Großbritannien, Spanien, die Niederlande und Russland eintraten. In den sogenannten Revolutionskriegen versuchte die Koalition der Großmächte, die Auswirkungen der Französischen Revolution von 1789 einzudämmen oder gar rückgängig zu machen. In den nachfolgenden Napoléonischen Kriegen ab 1799 bot sich Frankreich hingegen die Möglichkeit, nicht nur das revolutionäre Gedankengut von „Freiheit, Gleichheit und Brüderlichkeit" zu verbreiten, sondern durch erfolgreiche Eroberungen auch traditionelle Ziele der französischen Außenpolitik zu verwirklichen.

Da die französischen Revolutionstruppen schon bald am Rhein standen, war Boppard in den 1790er-Jahren Aufmarsch- und Kriegsgebiet. Auf den Rheinhöhen sprengten und schleiften die Franzosen die mittelalterlichen Burgen und Befestigungen. Durch den Frieden von Basel wurde der Rhein 1795 zum Grenzfluss und der Frieden von Lunéville bestätigte 1801 die französische Ostgrenze am Rhein. 1806 fanden sich die süd- und westdeutschen Fürsten zum Rheinbund zusammen, unterstellten sich dem Befehl Kaiser Napoléons und stellten Truppen für dessen Eroberungsfeldzüge.

Im Rheinland gab es kaum Widerstand gegen die französische Besetzung. Im Gegenteil: Es herrschte eine eher unterwürfige Begeisterung für die Eroberer. Die Stimmung schlug jedoch mit dem schwinden Kriegsglück

Büste von Michael Thonet sen. im Museum Boppard.

Napoléon Bonapartes um. 1814 war es Ernst Moritz Arndt, der mit Beredsamkeit und Überzeugungskraft den Rhein in seiner Schrift „Der Rhein, Teutschlands Strom, aber nicht Teutschlands Gränze" als das „Deutscheste" überhaupt proklamierte und für die Befreiung des Stroms vom französischen Joch appellierte. Im selben Jahr übernahm Josef Görres als neuer Redakteur die Zeitschrift „Mercure du Rhin" und machte aus ihr den streitbaren „Rheinischen Merkur". Görres wurde zum engagierten Kämpfer gegen Napoléon und zum Vorkämpfer deutscher nationaler Ideen. Später, enttäuscht vom Verzicht Preußens auf das Elsaß, startete Görres seinen Kampf gegen das Preußentum.

Doch nach der Befreiung des Rheinlands und der Neuordnung Europas im Wiener Kongress 1815 war der zunächst glühende Patriotismus rasch abgekühlt: Die Rheinländer konnten sich nur mühsam mit dem rheinisch-preußischen Vaterland identifizieren. Umgekehrt tat sich Preußen schwer mit den selbstbewussten und liberalen Rheinländern. Sicherlich war es kein Zufall, dass 1832 mit dem Hambacher Fest im Rheinland die seinerzeit bedeutendste demokratische Bewegung stattfand.

Nur wenige Jahre später, 1840, meldete Frankreich erneut Ansprüche auf die linksrheinischen Gebiete an. Verletzter Nationalstolz bewirkte neue patriotische Gefühle und wiedererwachendes Selbstbewusstsein auf französischer Seite. Doch auch im Rheinland wuchs nun das Zugehörigkeitsgefühl zum deutschen Vaterland, das sich u.a. in Nikolaus Beckers „Rheinlied“ von 1840 (im selben Jahr vertont von Robert Schumann) äußerte: „Sie sollen ihn nicht haben, / Den freien deutschen Rhein, / Ob sie wie gier'ge Raben / Sich heiser danach schrein [...].“

Die kritische Situation 1840/41 bewirkte sowohl auf französischer wie auf deutscher Seite eine Verstärkung des aggressiven Nationalstolzes. Die leisen Töne der alten deutschen Lieder waren zu lauten vaterländischen Rufen geworden und die romantischen Träume von der „Blauen Blume“ waren endgültig dahin. Der Samen für einen neuen Krieg war gelegt.

Um das kriegerische Potenzial allein am Rhein zu veranschaulichen, genügt ein Blick auf die rechtsrheinische Festungsanlage Ehrenbreitstein gegenüber Koblenz. Von hier aus konnte man die Moselmündung und den Rheinverkehr kontrollieren. Da die Festung als uneinnehmbar galt, wurden dort in Krisenzeiten gelegentlich Kostbarkeiten vor Feinden in Sicherheit gebracht (u.a. der „Heilige Rock“, das angebliche Gewand Jesu). Zwischen 1794 und 1799 hatten die Franzosen vier vergebliche Versuche unternommen, die Anlage einzunehmen. 1801 gelang ihnen schließlich die Eroberung durch Aushungern der Burgbesatzung. Mit der ungeheueren Menge von 30.000 Pfund Pulver wurde anschließend die Festung gesprengt. 1815 befahl der preußische König Wilhelm III. den Wiederaufbau von Ehrenbreitstein. Das Baumaterial dazu beschaffte man von der bis dahin größten Burganlage am Rhein, der Ruine der Burg Rheinfels bei St. Goar. Diese war 1796/97 von den Franzosen eingenommen und gesprengt worden.

Nach über 15-jähriger Bauzeit wurde die Festung Ehrenbreitstein Anfang der 1830er-Jahre größer und wehrhafter denn je fertiggestellt. Die Baukosten betrugen umgerechnet etwa 300 Millionen Euro. Auf den Wällen des nunmehr mächtigsten Festungsbauwerkes am Rhein standen schließlich ca. 400 schwere Geschütze, und das Proviantlager war so angelegt, dass es eine Burgbesatzung von 8.000 Mann etwa zehn Jahre lang versorgen konnte.

Kindheit und Jugend Michael Thonets

Vor dem Hintergrund des angespannten deutsch-französischen Verhältnisses vor allem am Rhein waren Krieg und Unruhe in der Kindheit und Jugend von Michael Thonet allgegenwärtig.

Seine Geburtsstadt Boppard wird um das Jahr 1800 von einem Chronisten als braune und verräucherte, in ehrwürdige Mauern eingeschlossene Stadt geschildert: „Die Straßen sind so wüst und eng, und die Häuser hangen in der Gegend am Rhein so übereinander, dass man genötigt ist, sich an

Blick auf Boppard von der Thonetshöhe.

trüben Tagen einer Laterne zu bedienen. Gott möge diese Stadt vor einem Brande bewahren, Rettung wäre bei einem aufkommendem Winde unmöglich.“ Die Haupt-Durchgangsstraße durch den Ort war so schmal, dass zwei Wagen nicht aneinander vorbeikamen.

Die wenn auch nicht ärmlichen, so doch wohl bescheidenen Verhältnisse, in die Michael Thonet am 2. Juli 1796 hineingeboren wurde, passen durchaus zu dieser Beschreibung der Stadt. Der aus Andernach gebürtige Vater Franz Anton Thonet war mit seiner Frau Margaretha, geb. Fischbach, 1892 nach Boppard übergesiedelt, wo er eine kleine Gerberei (vermutlich mit integriertem Schreinereibetrieb) gründete. Wo exakt dieser kleine Familienbetrieb der Thonets gelegen hat, lässt sich heute nicht mehr nachvollziehen; es ist jedoch anzunehmen, dass die Gerbereien flussab außerhalb der Kernstadt am Fraubach angesiedelt waren. Auch die ehemalige Straßenbezeichnung Stinkgasse wies darauf hin.

Die Eintragung in das Geburtenregister der Pfarrei Boppard im Jahre 1796 gibt Auskunft über die Geburt eines Michael Donet. Der lateinische Eintrag in das Kirchenbuch lautet in der deutschen Übersetzung: „Michael Donet. Am 2. Juli etwa in den guten Abendstunden geboren und drei Tage später getauft, Eltern: Franziskus Donet und Frau Margaretha geb. Fischbach. Dass Michael ehelich zur Welt kam, bezeugt Michael Fischbach vom Jakobsberg bei Boppard.“

Im rheinischen Dialekt wird der harte „T“-Laut mitunter als weiches „D“ gesprochen. Die Familie Thonet war in Boppard also als Familie Donet bekannt, was die Schreibweise „Donet“ erklären würde. Doch steckt dahinter vielleicht doch mehr als lediglich eine sprachliche Unkorrektheit bei der Eintragung? Vor dem Hintergrund der Spannungen mit Frankreich könnte man durchaus auch eine politisch motivierte Absicht als Grund für diese andere, „deutschere“ Schreibweise des Familiennamens vermuten. Wollte sich Franz Anton Thonet möglicherweise ganz bewusst absetzen von allen Spekulationen über eine mögliche französische Herkunft?

1798 hatte Frankreich das Rheinland faktisch annektiert. Die bisherige christliche Zeitrechnung wurde auch in Boppard durch den Revolutionskalender ersetzt und die offiziellen Protokollbücher nun zweisprachig in deutscher und französischer Sprache geführt. Den Pfarrern wurde die Führung der Tauf-, Heirats- und Sterberegister entzogen. Selbst die kirchliche Eheschließung verlor ihre Rechtswirksamkeit und wurde durch die Zivilehe ersetzt. Abgaben, Einquartierungen usw. ließen einen großen Teil der Bevölkerung verarmen; die Zahl der selbstständig Gewerbetreibenden ging stark zurück.

Die größte Zahl an Handwerksbetrieben in der Weinstadt Boppard stellten seinerzeit die Küfer, welche bereits damals die Dauben für ihre bauchigen Holzfässer bogen. Möglicherweise hatte der junge Michael Thonet beim Zuschauen der arbeitenden Küfer ja ein nachhaltiges Urerlebnis hinsichtlich des Biegens von Holz.

Über seine Kindheit und Jugendzeit ist bislang nur sehr wenig bekannt. Ausgehend davon, dass es in Boppard eine Lateinschule im Franziskanerkloster sowie eine katholische Volksschule (die 1804 zwei Klassen hatte) gab, hat Michael Thonet möglicherweise diese Volksschule, die ab 1805 im Karmeliterkloster untergebracht war, besucht.

Unter der französischen Verwaltung herrschte damals ein relativ geregeltes Leben und Boppard war in diesen Jahren nicht mehr unmittelbar vom Krieg bedroht. Zwischen 1805 und 1807 wurde eine Straße entlang des Rheinufers fertiggestellt, die insbesondere als Marschroute der französischen Truppen diente. So lagerten auch immer wieder Militäreinheiten in der Stadt, die auch Rekruten für die Truppen Napoléon Bonapartes abzustellen hatte. Von dieser allgemeinen Wehrpflicht waren schließlich fast alle Bopparder Familien betroffen.

Michael Thonet war noch zu jung für den Militärdienst unter Napoléon. Er absolvierte in dieser Zeit möglicherweise eine Lehre in der Werkstatt seines Vaters. Auszuschließen ist jedoch nicht, dass Michael vielleicht auch

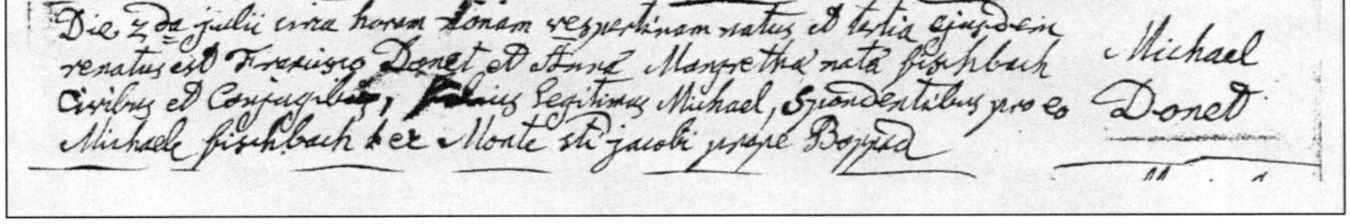
1796
Die 2da julii circa horam ... vespertinam natus et tertia ejusdem renatus est ... Donet et ... Margretha nata fischbach civibus et conjugibus, filius legitimus Michael, ... pro eo Michaele fischbach ... Monte sti jacobi prope Boppard
Michael Donet

Eintrag der Geburt von Michael Donet im Bopparder Kirchenregister (in lateinischer Sprache).

in Mainz oder Bingen zur Lehre gegangen ist. Es ist zudem anzunehmen, dass die Familie Thonet durch Kleinviehhaltung oder durch den Ertrag aus einem kleinen Weinberg, vielleicht sogar durch Schmuggel über den Rhein, eine mehr oder minder legale Nebenerwerbsquelle hatte. Immerhin gehörten die Gerber zu den wohlhabendsten unter den Handwerkern. Die Bopparder Gerber, die hauptsächlich die Häute aus der Viehhaltung vom Hunsrück aufarbeiteten, boten ihre Waren sogar in Frankfurt auf der Messe an. Begünstigt durch die florierenden Gerbereibetriebe, wuchs auch die Zahl der Schuster. Um 1808 sind nachweislich 31 Schuster in Boppard ansässig.

In der bisherigen Literatur über Michael Thonet wird überwiegend das ärmliche Leben des Gerbermeisters Franz Anton Thonet und seiner Familie dargestellt. Es ist jedoch aufgrund der erwähnten Umstände nicht anzunehmen, dass die Familie Thonet in napoléonischer Zeit ein Leben am Rande des Existenzminimums führen musste.

Nach der Völkerschlacht bei Leipzig im Oktober 1813 strömten mehr und mehr geschlagene französische Soldaten an den Rhein zurück. Auch die Stadt Boppard war bald überfüllt mit kranken und verwundeten Soldaten und es kam zu einer Typhusepidemie, der auch ein Großteil der Zivilbevölkerung zum Opfer fiel. In der Neujahrsnacht 1813/14 überschritten die preußischen und russischen Truppen unter Führung von Feldmarschall Blücher den Rhein ca. 30 Kilometer südlich von Boppard bei Kaub. Nun waren es die alliierten Truppen, die in den Städten am Rhein Quartier nahmen und die Bevölkerung ähnlich rücksichtslos ausnutzten wie zuvor die Franzosen. Erst als Napoléon Bonaparte nach seiner Rückkehr aus Elba ein zweites Mal vernichtend geschlagen wurde, trat mit der Zuteilung des Rheinlands an Preußen (im Zuge des Wiener Kongresses im Sommer 1815) allmählich wieder eine Normalisierung des Alltagslebens auch in Boppard ein.

Einen Schicksalsschlag musste die Familie Thonet in ebenjenem Jahr 1815 verkraften, als die Mutter Margaretha verstarb. Sie wurde auf dem alten Bopparder Friedhof (Ende des 19. Jahrhunderts aufgelassen) zur letzten Ruhe gebettet.

Franz Anton Thonets Konkurrenz im Gerbereiwesen scheint zu dieser Zeit sehr stark gewesen zu sein, denn er konnte sich offensichtlich gegenüber den anderen ortsansässigen Gerbern nicht länger behaupten. Darum verlagerten er und sein Sohn Michael ihren beruflichen Schwerpunkt vom für sie nicht mehr profitablen Gerbereiwesen auf das Schreinerhandwerk. Wann dies genau geschah, lässt sich heute nicht mehr feststellen. Immerhin scheint sich der junge Schreinereibetrieb um 1820 schon etabliert zu haben, denn Michael konnte es sich leisten, bereits im Alter von 24 Jahren zu heiraten, und war imstande, eine Familie zu ernähren. Angesichts dessen gilt das Jahr 1819 als offizielles Gründungsdatum seiner Schreinerwerkstatt.

Porträtfoto von Michael Thonet sen., aufgenommen im Berliner Atelier Halffter in der Leipziger Straße 91.

Porträtfoto von Anna Maria Thonet, geb. Crass, aufgenommen im Atelier A. Maysel in Brünn.

Familiengründung

Am 12. April 1820 heiratete Michael Thonet die am 23. Februar 1799 in Boppard geborene Anna Maria Crass. Sie war die Tochter des aus Rüdesheim am Rhein stammenden Metzgermeisters Nicolaus Crass (auch: Graß / Grahs). Im „Register für die Heirathen der Bürgermeisterei Boppard" aus dem Jahr 1820 findet sich unter Ziffer 13 (für das Jahr 1820 sind 38 Eheschließungen dokumentiert) nachfolgender Eintrag:

„Im Jahre Eintausend Achthundert Zwanzig den zwolften April um vier Uhr Nachmittags erschienen vor Uns Hermann Genius, Beigeordneter der Bürgermeisterey Boppard, die Amtsverrichtungen eines Beamten des Personenstands der Gemeinde Boppard, Kantons Boppard, Landräthlichen Kreises Sanct Goar, Gerichtsbezirk Koblenz, Grosherzogthums Niederrhein versehend, Michel Thonett, Schreiner, wohnhaft in Boppard, allda gebohren den zweiten July Eintausend Siebenhundert sechs und neunzig wie es aus dem in dem Archive der Bürgermeisterey Boppard deponirten Kirchentaufbuche der Pfarrey Boppard von jenem Jahre erhellt, ehelicher und grosjähriger Sohn von Franz Thonet *(Franz Anton Thonet; Anm. d. Verf.)*, Schreiner, wohnhaft zu Boppard, dahier gegenwärtig und in diese Heirath seines Sohnes einwilligend, und von Margaretha gebohrene Fischbach, gestorben in Boppard den ersten Januar Eintausend Achthundert fünfzehn, laut in dem Archive der

Bürgermeisterey Boppard reservirten Civilstandsregisters der Bürgermeisterey Boppard von genanntem Jahre, und die Anna Maria Grahs, ohne Gewerb, wohnhaft in Boppard allda gebohren den Drey und zwanzigsten Februar Eintausend Siebenhundert neunzig neun, wie solches aus der vor Uns gemachten eidlichen Erklärung des anwesenden Vaters und der vier gegenwärtigen Zeugen erhellt, eheliche und grosjährige Tochter von Nicolaus Grahs, Metzger, wohnhaft in Boppard dahier gegenwärtig und in diese Heirath seiner Tochter einwilligend; Und von Catharina, gebohrene Mallmann, gestorben in Boppard den achtzehnten Maerz Eintausend Achthundert vierzehn, wie solches aus dem Einhundert zwey und achtzigsten Ackt des Civilstandsregisters der Bürgermeisterey Boppard von jenem Jahre erhellt, und forderten Uns auf, ihre vorhabende Ehe abzuschließen, welche vor der Hauptthüre unseres Gemeinde Hauses zum Erstenmal am Sonntage den zweiten April laufenden Jahres und zum Zweitenmal am Sonntage den neunten April laufenden Jahres und zwar jedesmal um zwölf Uhr Mittags verkündiget wurde, da Uns keine Einrede gegen diese Ehe bekannt gemacht wurde, so haben Wir obiger Aufforderung Genüge geleistet, alle obenbemeldete Acktenstücke abgelesen, sodann das Kapitel sechs des Actes von der Ehe aus dem Civilgesetzbuche vorgelesen und darauf den Bräutigam und die Braut gefragt, ob sie gesonnen seyen, Sich als Mann und Frau zu ehelichen; da nun jedes derselben auf diese Frage bejahend antwortete, so erklären Wir im Namen des Gesetzes, daß Michel Thonett und Anna Maria Grahs durch das Band der Ehe verbunden sind. Worüber Wir gegenwartige Urkunde in Gegenwart von Joseph Mallmann vier und vierzig Jahre alt, Bierbrauer, Vetter der Braut, erster Zeug, von Andreas Wirz, sieben und sechzig Jahre alt, Rothgerber, zweiter Zeug, von Peter Brust, vier und sechzig Jahre alt, Amtsdiener, dritter Zeug, von Clemens Merkel, fünf und dreisig Jahre alt, Wirth, vierter Zeug, alle vier Zeugen wohnhaft in Boppard, die drey letzte nicht verwandt mit den Parthien, gefertiget und mit denselben den jungen Eheleuten und gegenwärtigen Eltern derselben nach geschehener Vorlesung unterzeichnet haben.“

Es folgen die Unterschriften: „Michel Thonett, Anna Maria Craß, Nilas Cras, Frans Thonet, Joseph Mallmann, Andreas Wirz, Brust, Merkel, Genius“, wobei die individuell unterschiedlichen Schreibweisen der Nachnamen innerhalb der Familie Thonet und Cras interessant sind.

Eine Ungereimtheit bezüglich des Heiratsdatums konnte bislang nicht geklärt werden: In der o.g. Heiratsmatrikel – dem amtlichen Dokument – wird der 12. April 1820 als Tag der Eheschließung angegeben, während in der einschlägigen Fachliteratur über Michael Thonet überwiegend der 13. April als Datum der Hochzeit vermerkt ist.

Mit seiner Frau hatte Michael Thonet 13 Kinder (sieben Söhne und sechs Töchter). Die Söhne Johann und Heinrich sowie die sechs Töchter starben jedoch bereits im Baby- bzw. Kleinkindalter. Die anderen Söhne – allesamt in

Boppard geboren – führten später das Möbelimperium Gebrüder Thonet. Die Kinder von Michael und Anna Maria Thonet:

Franz (21. Oktober 1820 – 8. Januar 1898)
Anna Maria (18. April 1823 – 14. Dezember 1848)
Michael jun. (30. Oktober 1824 – 25. Dezember 1902)
Margaretha (12. August 1826 – 13. August 1826)
Sophia (31. Mai 1827 – 16. Januar 1828)
August (28. März 1829 – 6. März 1910)
Joseph (25. Mai 1830 – 20. August 1887)
Gertrud (9. Dezember 1831 – 16. Juni 1832)
Gertrud (16. März 1833 – 14. Dezember 1848)
Johann (15. August 1834 – 13. Februar 1835)
Heinrich (27. Dezember 1836 – 25. August 1837)
Catharina Josepha Theresia (22. November 1839 – 12. Juni 1840)
Jacob (30. Oktober 1841 – 10. Oktober 1929)

Schreinermeister Michael Thonet – die frühen Jahre

Thonets Werkstatt befand sich auf einem ca. 100 Quadratmeter großen, fast vollständig bebauten Grundstück (im Katasterplan von 1827 eingetragen auf den Namen Mich. Tuneth). In dieser Werkstatt produzierte er Möbel von hoher handwerklicher Qualität, und so hatte die kleine Werkstatt schon bald einen guten Ruf und reichlich Aufträge. Mit dem erwirtschafteten Kapital kauft Michael Thonet 1832 ein Haus in der Franziskanerstraße.

Das gesellschaftliche Leben in Boppard und anderen Städten war damals in sogenannte Nachbarschaften gegliedert. Eine Nachbarschaft setzte sich zusammen aus den Bewohnern verschiedener zusammenhängender Straßenzüge. Sie bildeten eine Gemeinschaft zur Ausrichtung der Kirchweih, organisierten die Beerdigung verstorbener Mitglieder und bildeten eine Brunnengemeinschaft, die für eine gesicherte Wasserversorgung der Nachbarschaftsmitglieder verantwortlich war. Der Nachbarschaft stand stets ein Nachbarschaftsmeister vor. Dieses für die Dauer eines Jahres befristete Amt war ein Ehrenamt, und jedes männliche Familienoberhaupt war verpflichtet, einmal im Leben dieses Amt zu bekleiden.

Als Michael Thonet von der Walburgisgasse in die Franziskanerstraße umzog, wechselte er auch seine Mitgliedschaft in der Nachbarschaft. Er gehörte nun nicht mehr der „Bälzer Nachbarschaft" (benannt nach dem „Balz", einem Platz mit Brunnen nahe der Walburgisgasse) an, sondern ab 1833 der „Rheingässer Nachbarschaft". Von den „Rheingässern" wurde er sogleich zum Nachbarschaftsmeister gewählt.

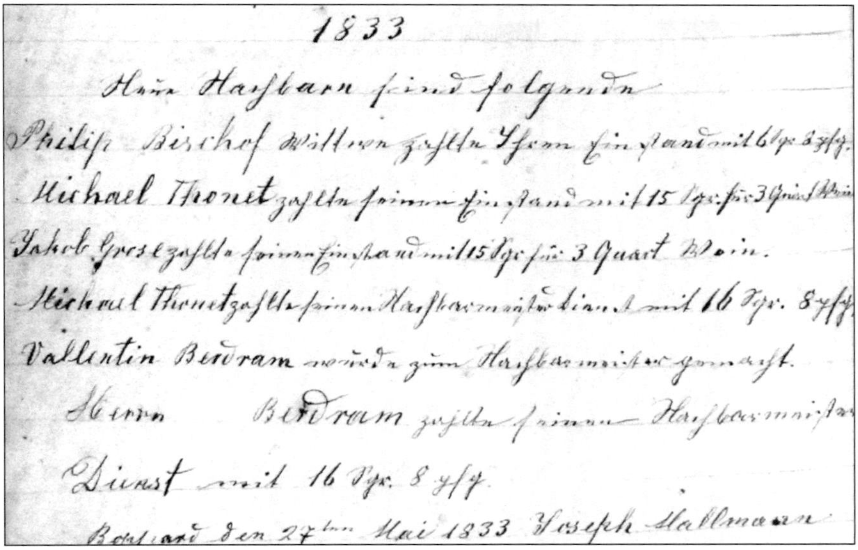
1833
Herrn Nachbarn sind folgende
Philip Bischof Wittwe zahlte Ihren Einstand mit 6 Sgr. 8 Pf.
Michael Thonet zahlte seinen Einstand mit 15 Sgr. für 3 Quart Wein
Jakob Grosz zahlte seinen Einstand mit 15 Sgr. für 3 Quart Wein.
Michael Thonet zahlte seinen Nachbarmeisterdienst mit 16 Sgr. 8 Pf.
Vallentin Berdram wurde zum Nachbarmeister gemacht.
Herrn Berdram zahlte seinen Nachbarmeister
Dienst mit 16 Sgr. 8 Pf.
Boppard den 27ten Mai 1833 Joseph Hallmann

Eintrag ins Protokollbuch der „Rheingässer Nachbarschaft" Boppard betreffs Einstands und Nachbarmeisterangelegenheit aus dem Jahre 1833.

Michael Thonet schien aber aus heute unbekannten Gründen keine Lust auf dieses soziale Ehrenamt zu verspüren und kaufte sich – nachdem er der Nachbarschaft 1833 für seinen Einstand 15 Silbergroschen (zur Zahlung von drei Quart Wein) gestiftet hatte – für einen weiteren Geldbetrag in Höhe von 16 Silbergroschen und 8 Pfennigen aus dieser Verpflichtung frei. Dabei handelte es sich um einen in dieser Höhe von den Nachbarschaftsstatuten festgelegten Betrag; und aus dem zeitgenössischen Protokollbuch der „Rheingässer Nachbarschaft" geht hervor, dass solche Dienstbarkeits-Entlastungen durch einen Freikauf durchaus gängige Praxis gewesen sind. Zumindest kann dieses Vorgehen von Michael Thonet als Hinweis dafür ausgelegt werden, dass er einigermaßen wohlhabend gewesen sein muss.

Aus dem „Oeffentlichen Anzeiger No. 8", einer Beilage zum Amtsblatt der Regierung in Coblenz (Koblenz), vom 21. Februar 1835 erfahren wir, dass Michael Thonet Vormund für vier Minderjährige gewesen ist: „In Folge Urtheils des Königlichen Landgerichts erste Civilkammer zu Coblenz vom 7. Januar und auf Anstehen und in Gegenwart von: Michael Thonet, Schreiner, handelnd in seiner Eigenschaft als Hauptvormund von Jacob, Nicolaus, Margaretha und Katharina Lucas, alle ohne Gewerb, minderjährige Kinder von dem zu Boppard verlebten Polizei-Sergeanten Johann Lucas aus seiner ersten Ehe mit Anna Maria Wiederscheim […] *(in der Quelle werden dann weitere Personen als Vormund für die beiden Kinder aus zweiter Ehe und den großjährigen Sohn, der sich in der Fremde befindet, benannt; Anm. d. Verf.)* wird der unterschriebene königliche Notar im Wohnsitze zu Boppard zur öffentlichen Versteigerung:

1) Eines Feldes zu Boppard, in der Lohn gelegen, den Kindern aus erster Ehe zugehörig;
2) eines Wohnhauses zu Boppard in dem Balz gelegen, den Kindern aus erster und zweiter Ehe zustehend;
3) eines Feldes am Kasselingerberg und
4) eines Feldes an der Frankenmauer, beide auf dem Banne von Boppard gelegen [...], schreiten.

Die Versteigerung findet Statt in der Wohnung des Mitrequirenten Krimmel zu Boppard, am 12. März nächsthin, Nachmittags 2 Uhr. Boppard, den 8. Januar 1835."

Für die Abwicklung war Notar Holthof zuständig. Es ist derselbe Notar, bei dem die Eheleute Thonet 1838 eine Hypothek auf ihre zwei Landparzellen außerhalb Boppards eintragen lassen.

Zum Verständnis dieser Vormundschaft muss erläutert werden, dass Michael Thonets Mutter Margaretha, geb. Fischbach, bei ihrer Heirat mit dem Rotgerber Franz Anton Thonet bereits zweimal verwitwet gewesen ist. Zunächst war sie mit Martin Kirch und nach dessen Tod mit Jacob Lukas verheiratet. Aus dieser zweiten Ehe mit Jacob Lukas waren mehrere Kinder hervorgegangen. Eines dieser Kinder war jener im „Oeffentlichen Anzeiger" erwähnte Johann(es) Lukas, der seinerseits im Jahre 1810 Anna Wiederscheim (auch: Widdersheim) geehelicht hatte. Somit hatten Michael Thonet und Johann Lukas die gleiche Mutter – waren also Halbbrüder. Für die verwaisten Kinder seines Halbbruders (Johann Lukas starb am 9. Oktober 1834) übernahm Michael Thonet anschließend die Vormundschaft.

II. Schichtverleimte Möbel

Im Jahre 1837 (dem Todesjahr seines Vaters Franz Anton) erwarb Michael Thonet gemeinsam mit dem Apotheker Genius die sogenannte Michelsmühle vor der Stadtmauer am Fuße des Klosters Marienberg, in dem Christian Brentano (der Bruder von Clemens Brentano und Bettina von Arnim) seit 1830 eine Erziehungsanstalt für junge Mädchen unterhielt. Brentano versuchte die geplante Inbetriebnahme der Michelsmühle als Leimsiederei zu verhindern. Ihn störte wohl in erster Linie die erwartete Geruchsbelästigung durch tierische (Knochen-, Rohhaut- oder Gerberei-) Abfälle, die zur Herstellung von Haut- bzw. Knochenleim gebraucht wurden. In der Tat produziert Michael Thonet 1838 bereits Leim für den Eigenbedarf, ohne eine Konzession beantragt zu haben. Am 29. Dezember 1838 erhielt er schließlich die notwendige Konzession zum Betreiben einer Leimsiederei in der Michelsmühle. Brentanos Erziehungsanstalt wurde noch im selben Jahr geschlossen. Es gibt jedoch keinen Hinweis darauf, dass die Schließung in irgendeiner Weise in Zusammenhang mit der Leimsiederei Thonets stand. Das Gebäude des Marienbergs wurde von Dr. Franz Josef Schmitz gekauft, der dort 1839 eine Kaltwasserheilanstalt eröffnet.

Die Michelsmühle hat ihren Namen übrigens nicht nach ihrem Besitzer Michael Thonet, sondern nach einem frommen und asketischen Franziskanermönch namens Bruder Michel, der einst als Einsiedler in einem kleinen Seitental des Rheins in einer Klause lebte. Nach ihm wurden später das Tal als Bruder-Michels-Tal und der Bach, der die gesamte Parkanlage des Marienbergs durchfließt, als Bruder-Michels-Bach benannt. Als unterhalb des Marienbergs am Unterlauf dieses Baches eine Mühle (bestehend aus Haupt- und Nebengebäude) errichtet wurde, erhielt sie folgerichtig die Bezeichnung Michelsmühle – lange, bevor sie Thonet erwarb. Die Mühle war in Boppard aber auch unter der Bezeichnung „Breidbachs-Mühle" bekannt, denn Michel Breidbach war der Vorbesitzer dieses Anwesens. Das Hauptgebäude der Mühle wurde Mitte der 1850er-Jahre beim Bau der Eisenbahnstrecke Mainz–Koblenz niedergelegt, das Nebengebäude musste in den 1930er-Jahren dem Bau einer Verladerampe weichen.

Die Leimproduktion in der Michelsmühle war für Thonet kein neues Metier, denn es war damals üblich, dass sich die Schreiner ihren Leim selbst herstellten. In einem Schreiben von 1838 hielt Thonet fest, dass er bereits seit 21 Jahren Leim

Nebengebäude der Michelsmühle direkt am Bahnkörper auf einer 1902 gelaufenen Ansichtkarte. Im Hintergrund der Gebäudekomplex Marienberg.

für die Eigenproduktion von Möbeln in seiner Wohnung (!) selbst fertige. Auf diese Weise konnten in der Zeit, in der Vater Franz Anton und Sohn Michael Thonet Gerberei und Schreinerei parallel betrieben, die Hautabfälle als Rohstoff für den Leimbedarf in der eigenen Schreinerei verwendet werden. Es kann aber auch angenommen werden, dass die Thonets anfangs gleichermaßen Leim an andere Schreiner verkauft haben. Gleichwohl scheint über ein Jahrzehnt lang, also in den 1820er-Jahren, die Quantität an selbst erzeugtem Leim auf dem Küchenherd den Eigenbedarf gedeckt zu haben. In den frühen 1830er-Jahren jedoch verfolgte Michael Thonet eine neue Idee, die ein Vielfaches an Leim benötigte: die Produktion von schichtverleimten Möbeln.

Michael Thonet, das sei betont, ist nicht der Erfinder des Holzbiegens. Das Biegen von Holz war lange schon üblich – u.a. im Schiffbau, im Instrumentenbau und bei den Küfern. In Boppard gab es mehrere Küfer und es kann als Gewissheit gelten, dass Michael Thonet die Küfer bei deren handwerklicher Tätigkeit beobachtet hat. Zum Biegen der Dauben für ein Fass bedarf es hauptsächlich dreier Komponenten: Wasser, Hitze und Kraft. Michael Thonet überlegte, ob es nicht möglich sei, die Technik des Holzbiegens auf den Möbelbau zu übertragen. Und so begann er um 1830 mit Biegeexperimenten. Mit vielen missglückten Versuchen hat es wohl auch eine ganze Weile gedauert, bis diesen Experimenten Erfolg beschieden war.

Ausgehend von den Grunderfahrungen, dass sich dünnes Holz leichter biegen lässt als dickes Holz und dass gewachsenes Holz bei Überdehnung bricht, schnitt und hobelte Thonet das Holz zunächst in sehr dünne Latten. Diese köchelte er dann so lange in einem Leimbad, bis das Holz vollkom-

Ansichtskarte des Marienbergs um 1900.

men mit dem Leim durchtränkt war. Solchermaßen weichgekochtes Holz ist biegsam und kann in einer vorgefertigten Schablone problemlos gebogen werden. Danach muss das Holzbündel so lange in der Schablone bleiben, bis der Leim vollkommen ausgehärtet ist. Dabei verbinden sich die einzelnen dünnen Latten zu einem einheitlichen und stabilen, aber dennoch elastischen und belastbaren Produkt. Da dieses Produkt aus mehreren dünnen Lattenschichten zusammengeleimt ist, spricht man von „Schichtverleimung". Mit dieser in Experimenten gewonnenen Erkenntnis, neue Holzprodukte durch Biegen und Verleimen in einem handwerklichen Vorgang unter Benutzung von Schablonen herzustellen, hatte Thonet das Prinzip und damit die Voraussetzung zur Herstellung sogenannter schichtverleimter Möbel entdeckt.

Dennoch sei nochmals darauf hingewiesen, dass Michael Thonet die Ehre, die Holzbiegerei erfunden zu haben, nicht gebührt. Seine Inspiration durch die Bopparder Küfer wurde bereits erwähnt, doch gab es Handwerker, die schon vor ihm Holz bogen. So wurden bereits 1810 von dem Wagner Melchior Fink in Vorarlberg Radfelgen aus einem Stück Holz gebogen. Fink erhielt auf diese innovative Konstruktion von belastbaren Radfelgen aus Eschenholz sogar ein Privilegium. Er übersiedelte nach Wien, profitierte aber wirtschaftlich nicht von seiner Erfindung. 1826 erschien in England eine Publikation von Isaak Sargent über das „Biegen des Holzes für Wagner-, Tischler-, Zimmermanns- und andere Holzarbeiter". In diesem Aufsatz werden die Grundprinzipien zum Biegen von Holz vorgestellt: Erweichen des Holzes in heißem Wasser oder Wasserdampf, Einpressen des geweichten Holzes in gekrümmte Schablonen, Trocknen im Schatten. Sargent lobt die solchermaßen aus einem oder maximal zwei Teilen gefertigten Wagenradfelgen, weil sie beim Fahren weniger „rumpeln" und „lärmen" und schließlich auch sparsam seien im Verbrauch von Holz. Erwähnt seien noch der Amerikaner E. Reynolds, der in den 1830er-Jahren eine Maschine zum Biegen von Radfelgen konstruierte, der belgische Möbelbauer Jean-Joseph Chapuis, der um 1805 Stühle in schichtweise verleimtem gebogenem Holz (also in Schichtverleimtechnik) herstellte, sowie der Amerikaner Samuel Cragg, der 1808 ein Patent für einen „elastic chair", einen Stuhl mit massiv gebogenen Holzteilen, beantragte.

Für seine neue Technik der Herstellung von Möbeln versuchte Thonet bei der königlichen Regierung in Berlin ein Patent zu erhalten. Doch sein 1840 gestellter Patentantrag „auf das eigenthümliche Verfahren, vermittels einer Presse dem Holze an Möbeln eine entsprechende Form zu geben", wurde nicht wie erhofft positiv beschieden. Zugleich hatte Thonet erwogen, Patente in Frankreich, Belgien, England und Russland zu beantragen und diese dann gewinnbringend zu verkaufen. Dafür reichte jedoch sein Eigenkapital nicht aus und so nahm er bei diversen Geldgebern Kredite auf. Gleichzeitig suchte er im März 1842 per Inserat in der „Coblenzer Zeitung" weitere Lehrlinge für seinen Betrieb, denn in der damaligen Zeit zahlten diese für den Lehrherrn das sogenannte Lehrgeld.

Es lohnt allein schon wegen des seinerzeit recht umständlichen Sprachgebrauchs, sich mit einem Versuch zur Erwirkung einer Patentierung zu befassen. Michael Thonet reichte solch einen Antrag am 25. August 1840 über die Bürgermeisterei Boppard auf dem Dienstweg mit folgendem Text ein: „Der gehorsamst Unterzeichnete erlaubt sich die Freiheit Eine Königliche Hochlöbliche Regierung zu Koblenz ganz ergebenst zu bitten, doch gütigst bewirken zu wollen, daß ihm von Seiten des Hohen Ministeriums auf die eigenthümliche in der Anlage sub 1. beschriebene sowie an der sub 2. beigefügten Zeichnung als auch an dem in natura beigefügten Stuhle wahrzunehmende Weise, dem Holze, vermittelst einer dazu hergerichteten Presse eine beiliebige Form zu geben, ein Patent ertheilt werde.

Der Bittsteller sieht sich in der Nothwendigkeit versetzt, das angedeutete Patent um so dringender nachzusuchen, da einestheils die Erfindung nicht allein mit vieler Mühe und Arbeit, sondern auch die vielen damit verknüpften Versuchen mit nicht geringen Ausgaben verbunden waren, und anderntheils, jeder Tischler, sobald seine Erfindung bekannt wird, die verschiedene Möbelstücke nach seiner Verfahrungsweise leicht nachmachen kann.

Da es bekannt ist, wie sehr es sich Eine Königl. Hochlöbliche Regierung angelegen sein läßt, alle Zweige der Industrie in ihrem Bereiche zu heben, so sieht Bittsteller der gütigen Gewährung seines Gesuches in aller Hoffnung entgegen; und zeichnet sich in geziemender Hochachtung und Ergebenheit, als Einer Königl. Hochlöblichen Regierung unterthänigster Michael Thonet".

Bopparder Stuhl, gefertigt um 1836.

Der Adressat wusste jedoch nicht unmittelbar, wie in dieser Sache entschieden werden sollte, und so leitete die Regierung in Koblenz das Gesuch am 2. September 1840 an einen Sachgutachter namens Lassaulx weiter mit folgendem Anschreiben: „Königl. Bau Inspektor Herrn von Lassaulx Hochwohlgeboren. Ew. p. erhalten anbei eine Beschreibung nebst Zeichnung und in einer Kiste einen nach den anliegenden beiden Plänen gefertigten, gepreßten elastischen Stuhl, worauf der Erfinder, Schreinermeister Thonet in Boppard, ein Patent nachsucht; und beauftragen Sie, diese Erfindung näher zu prüfen und uns Ihr Gutachten darüber binnen 3 Wochen einzureichen. u.v. Königl. Regierung Abteilg. des Innern".

Das Gutachten ging fristgerecht – nebst zwei Anlagen und einem Kasten (mit dem Stuhl) – zurück mit nachfolgendem Urteil von Lassaulx: „Auf die seitwärts angegangenen verehrlichen Verfügung beehre ich mich gehorsamst zu erwidern, wie die Methode des Bittstellers, aus dünnen nach und nach zusammen geleimten Brettchen gebogene Holzstücke darzustellen, zwar nicht neu ist, vielmehr, namentlich in Wien die gewundenen Theile der Treppenzargen und Handlehnen auf diese Weise schon längst häufig gefertigt wurden, dagegen solche meines Wissens nach nie wieder zu Stühlen oder anderen Mobilien angewendet, oder auch so ganz kleine und kurze Umbiegungen hierdurch erhalten geworden, daher in dieser Hinsicht dessen Ansprüche auf Ertheilung eines Patentes begründet erscheinen dürfte."

Die Regierung in Koblenz leitete den Antrag am 28. Oktober 1840 weiter an das Königliche Finanzministerium zu Berlin mit folgendem Begleitschreiben: „Betr. die Nachsuchung eines Patentes für ein eigenthümliches

Verfahren vermittelst einer Presse Möbel aus Holz herzustellen. Der Tischler Michael Thonet zu Boppard hat anliegende Beschreibung und Zeichnung über eine angeblich von ihm erfundene Methode aus dünnen nach und nach zusammengeleimten Brettchen vermittelst einer Presse gebogene Holzstücke und aus diesen wiederum Möbel herzustellen, nebst einem nach diesem Verfahren angefertigten ebenfalls hierneben gehorsamst mitzusendenden Stuhl eingereicht, und damit um ein Patent nachgesucht.

Wir haben über diese angeblich neue Erfindung das Gutachten des Bau Inspectors v. Lassaulx eingefordert welches dahin geht, daß diese Methode, wiewohl sie nicht neu sei, indem namentlich in Wien die gewundenen Theile der Treppenzargen und Handlehnen auf diese Weise schon häufig angefertigt werden, dennoch seines Wissens noch nie zu Stühlen oder anderen Mobilien angewendet worden sei und hierdurch auch noch nie so kurze und kleine Umbiegungen bewirkt worden seien. In Übereinstimmung mit gedachtem Gutachten tragen wir daher bei Exzz. ganz gehorsamst darauf an, den H. Thonet *(Herrn Thonet; Anm. d. Verf.)* auf die in der Anlage näher beschriebene Art und Weise dem Holze vermittelst einer dazu hergerichteten Presse eine beliebige Form zu geben hochgnädigst ein Patent auf die Dauer von drei Jahren für den Umfang der ganzen Monarchie zu ertheilen, und bemerken schließlich noch daß H. Thonet in Bezug auf die Dauer des ihm zu gewährenden Patents kein bestimmtes Gesuch gestellt hat. Königl. Regierung Abthlg A."

In Berlin reagierte man indes mit gebremster Entscheidungsbereitschaft, und so erbat man weitere Unterlagen von Michael Thonet. Freilich wurde das Schreiben aus Berlin nicht unmittelbar an den Bopparder Schreiner, sondern an die zuständige Dienstbehörde, die Regierung in Koblenz, adressiert. Mit Datum vom 6. Januar 1841 heißt es dort: „Ehe auf den Bericht der Königlichen Regierung vom 28ten Oktober über die Patentfähigkeit des Verfahrens des Tischlers Michael Thonet zu Boppart bei Anfertigung von Möbeln aus zusammengeleimten Furnierbrettern, die vermittelst einer Presse in verschiedenen, dem jeweiligen Zwecke entsprechenden Formen gepreßt werden, entschieden werden kann, hat die Königliche Regierung den H. Thonet aufzufordern, zunächst noch eine deutliche Darstellung dieser Presse durch Zeichnung oder Modell zu liefern, auch das dabei in Anwendung gebrachte Verfahren deutlich zu beschreiben".

Mit dieser Nachfrage wurde ein langwieriger verwaltungstechnischer Akt in Gang gesetzt. Die Königliche Regierung in Koblenz leitete das Schreiben aus Berlin nun mit Datum vom 19. Januar 1841 an den Landrat des Kreises St. Goar weiter: „An den Herrn Landrath Heuberger Hochwohlgeboren in St. Goar. Mit den betreffenden Actenstücken zur Beschaffung des Verlangten oder Anzeige des Anstands – binnen 6 Wochen. K. Regierung A. d. Innern".

Das Landratsamt in St. Goar wird wohl zwischenzeitlich Rücksprache mit Michael Thonet genommen haben. Hier herrschte Unsicherheit, nach welchen die „Erfindung" betreffenden Unterlagen man in Berlin verlangte. So beantwortete Landrat Heuberger die Aufforderung mit einem Schreiben vom 31. Januar 1841 und legte die ursprünglichen Unterlagen wieder bei: „[...] gehorsamst zurückgereicht, [...] da er *(M. Thonet; Anm. d. Verf.)* schon seinem ersten Gesuche eine Zeichnung nebst Beschreibung eingefügt hatte, und nicht angegeben ist was zur Vervollständigung derselben verlangt wird [...]".

Die Königliche Regierung in Koblenz leitete dieses Schreiben nicht nach Berlin weiter, sondern schickte mit Datum vom 7. Februar die Unterlagen erneut zurück an den Landrat mit folgendem Anschreiben: „An den Herrn Landrath Heuberger Hochwohlgeboren in St. Goar, mit dem Bemerken zur weiteren Veranlassung zurück, daß die uns vorgelegte Beschreibung und Zeichnung bereits unterm 28ten v. J. *(28. Oktober vorigen Jahres; Anm. d. Verf.)* dem Kgl. Hohen Finanz Ministerium zugeschickt worden ist, worauf das vorstehende Reskript das fernere Anverlangen ausgesprochen hat, welchem also zu genügen, oder es im Anstandsfalle solcher aufzuweisen. K. Regierung A. d. Innern."

Es folgen mehrere Aktennotizen, aus denen hervorgeht, dass dieses letztangeführte Schreiben zunächst dem Bürgermeister von Boppard vorgelegt wurde und dieser schon einen Tag später eine Antwort gab. Nach Klärung der Ungewissheiten bezüglich der Ergänzung zum Patentantrag formulierte Michael Thonet am 19. Februar 1841 ein Schreiben nach Koblenz: „An Eine Königliche Hochlöbliche Regierung, erste Abtheilung, zu Koblenz. Der gehorsamst Unterzeichnete erlaubt sich hiermit Einer Königl. Hochlöblichen Regierung die ganz ergebenste Anzeige zu machen, daß die von einem Hohen Finanz-Ministerium verlangten Erläuterungen und Modelle Behufs des vom Unterzeichneten nachgesuchten Patents auf seine Erfindung, dem Holze eine beliebige Biegung zu geben, um in dasselbe erhabene Figuren einzupressen, bereits direkt nach Berlin abgegangen sind. Gleichzeitig ergreift diese Gelegenheit sich bestens zu empfehlen Einer Königl. Hochlöblichen Regierung gehorsamster M. Thonet, Schreinermeister."

Die Regierung in Koblenz reagierte auf dieses Schreiben mit einer Notiz nach Berlin: „Coblenz den 24ten Februar 1841. An Ein Königl. hohes Ministerium Abtheilung für Handel, Gewerbe und Bauwesen zu Berlin. Betr.: Patentgesuch des Tischlers Michael Thonet zu Boppard. [...] Ew. Exzellenz verfehlen wir nicht, ganz gehorsamst anzuzeigen, daß wir in Befolgung des hohen Reskripts vom 6ten Januar v. Mts. den Tischler Thonet zu Boppard durch den betreffenden Landrat haben auffordern lassen, eine deutliche Darstellung der Presse durch Zeichnung oder Modell zu liefern und auf das bei der Anfertigung von Möbeln aus zusammengeleimten Furnierbrettern in Anwendung gebrachte Verfahren deutlich zu beschreiben. Hierauf hat H. Thonet unterm 19ten d. M. angezeigt, daß er diese Erläuterungen und Modelle bereits direct nach Berlin abgesendet habe. Die Regierung Abtheilung des Innern."

Schichtverleimte, in Boppard hergestellte Möbel aus der Zeit zwischen 1836 und 1840.

Alle Bemühungen Thonets wurden jedoch nicht belohnt: Er erhielt kein Patent aus Berlin. Und die erfolgreichen Patentierungen im Ausland (Frankreich, England, Belgien) konnten wirtschaftlich nicht genutzt werden. Aufgrund der Kosten für die Investitionen, die Patentanträge und die innovative Entwicklungsarbeit geriet der thonetsche Betrieb in eine finanzielle Schieflage. Michael Thonet verkaufte daher im September 1841 die Michelsmühle. Doch der Erlös aus diesem Verkauf konnte das Unternehmen, in dem schließlich bis zu 30 Lehrlinge und Gesellen beschäftigt waren, nicht vollständig sanieren.

Da die Werkstattproduktion nun aus vornehmlich standardisierten Möbeln bestand, wurde nicht mehr auf individuelle Bestellung, sondern auf Vorrat produziert. Für die fertiggestellten Möbel war also nicht von vornherein auch schon ein Käufer vorhanden; vielmehr musste sich der Schreiner nun aktiv um Kunden bemühen, um seine Möbel abzusetzen. Thonet nahm nahezu jede Gelegenheit wahr, seine Möbel auf Ausstellungen und Gewerbeschauen zu zeigen. So bestückte er auch eine Gewerbeschau 1841 in Koblenz.

Die Teilnahme an dieser Gewerbeschau sollte eine grundlegende Veränderung der thonetschen Verhältnisse bewirken. Auslöser dafür war der österreichische Staatskanzler Fürst Metternich, ein gebürtiger Koblenzer. Metternich, der 1815 im Wiener Kongress Europa neu geordnet hatte und seinerzeit als einflussreichster europäischer Staatsmann galt, besuchte die Gewerbeschau in Koblenz und wurde auf die Produkte von Michael Thonet aufmerksam. Sein Interesse an dem innovativen Geist Thonets war geweckt, und so lud er den Schreinermeister aus Boppard auf Schloss Johannisberg im Rheingau ein, wo er sich wenig später in aller Ausführlichkeit die technischen Aspekte der Schichtverleimung erläutern ließ.

Legendär ist Metternichs Empfehlung: „Thonet – kommen Sie mit mir nach Wien. In Boppard werden Sie ewig ein armer Mann bleiben". Über die Gründe Metternichs, Michael Thonet zur Übersiedlung nach Wien zu bewegen, werden im Kapitel VI. (Das Thonetsche Rad) genauere Ausführungen gemacht.

Noch zögerte Thonet, dieser Einladung spontan zu folgen. Ob er 1841 eventuell Hoffnungen hegte, bei der Innenausstattung für Schloss Stolzenfels bei Koblenz einen Auftrag zu ergattern, ist fraglich. Aber immerhin wurden bei diesem imposanten Renovierungsprojekt, bei dem eine Burgruine nach Plänen Karl Friedrich Schinkels zum neogotischen Schloss umgebaut wurde, ausschließlich einheimische Handwerker beauftragt. Schloss Stolzenfels wurde im September 1842 in einer großen Feier eingeweiht, zu der alle beteiligten Handwerker eingeladen waren. Doch zu diesem Zeitpunkt weilte Michael Thonet bereits in Wien. Es gibt also keine Anzeichen dafür, dass Thonet ein Gewerk auf Stolzenfels übernommen hatte. Die Stühle der Ersteinrichtung von Stolzenfels, die heute auf Burg Sooneck zu besichtigen sind, ähneln zwar den „Bopparder Stühlen", sind aber konstruktionstechnisch deutlich abweichend von dem thonetschen Herstellungsverfahren der Schichtverleimung.

Fürst Metternich, Staatskanzler in Österreich.

Armlehnstuhl in der Technik der Schichtverleimung, um 1836/1840.

1841 wurde Thonets Frau Anna Maria erneut schwanger. Die letzten fünf Kinder (Gertrud, geb. 1831; Gertrud, geb. 1833; Johann, geb. 1834; Heinrich, geb. 1836 und Catharina Josepha Theresia, geb. 1839) waren allesamt im frühen Kindesalter verstorben. Thonet konnte darum seiner Frau – so verlockend das Angebot Metternichs („Ich werde Sie bei Hofe empfehlen") auch geklungen haben mag – zu diesem Zeitpunkt keine Umsiedlung nach Wien zumuten. Er stand zu seiner familiären Verantwortung und handelt besonnen. Doch die Chancen auf einen wirtschaftlichen Neuanfang unter der Protektion Metternichs in Wien blieben sehr verlockend.

III. Michael Thonet verlässt Boppard

Die ersten Jahre in Wien

Offensichtlich beabsichtigte Thonet jedoch, zunächst einmal in Boppard zu bleiben. Noch im Frühjahr 1842 suchte er per Inserat Tischlergesellen für seinen Betrieb. War die Auftragslage so gut, dass er zusätzliche Arbeitskräfte brauchte? Oder benötigte Thonet schlichtweg neues Betriebskapital? Immerhin lasteten nicht unerhebliche Kredite auf der Familie. Gleichwohl verließ Michael Thonet im Frühjahr 1842 Boppard zunächst allein in Richtung Wien. Dort kam er am 7. Mai 1842 an und reichte sogleich einen Patentantrag ein, welcher auch überraschend schnell verhandelt wurde. Am 16. Juli 1842 wurde ihm von der k. u. k. Hofkammer das von ihm ersuchte Privilegium verliehen, „jede, selbst die sprödeste Gattung Holz auf chemisch-mechanischen Wege in beliebige Formen und Schweifungen zu biegen". Arbeit fand Michael Thonet zunächst bei dem etablierten Tischlereibetrieb von Clemens List, wo er billige Sessel aus gebogenem Holz produzierte, die einen guten Absatz fanden (vgl. Thonet, Gedenkblatt, S. 14).

Im Herbst 1842 machten sich dann Michael Thonet jun. und sein Freund Jacob Henrich auf den Weg nach Wien. Der am 2. Februar 1825 geborene Henrich war etwa drei Monate jünger als Michael Thonet jun. Sein Elternhaus befand sich gleich gegenüber der Werkstatt der Thonets am Balz in Boppard und so ist nachvollziehbar, dass die beiden jungen Männer von Kindheit an befreundet waren. Nach dem Schulbesuch hatten beide eine Tischlerlehre absolviert, wahrscheinlich sogar gemeinsam in der thonetschen Werkstatt. Diese Lehrzeit war wohl im Sommer 1842 abgeschlossen. Die beiden jungen Männer wollten sich, wie es in dieser Zeit üblich war, auf die Walz begeben, und sie suchten sich als Zielort ihrer Wanderschaft Wien aus. Am 7. oder 8. September 1842 (je nach Quelle variiert das Datum) machten sie sich auf den Weg.

In einem Schreiben vom 8. September 1842 an seinen Vater Michael Thonet in Wien kündigte Franz Thonet das Kommen der beiden an: „Michel und Jacob sind heudt abgereißt, es wird aber wenigstens 14 Tage dauern bis die beiden in Wien ankommen, da sie eine große Strecke Wegs zu Fuß machen werden." Michael jun. und Jacob Henrich erreichten Wien über Aschaffenburg, Würzburg, Nürnberg, Regensburg, Passau und Linz in knapp drei Wochen. Sie stellten sich bei Clemens List vor und fanden ebenfalls bei ihm Beschäftigung. Dies mag für die oben erwähnte Produktion von Sesseln aus gebogenem Holz vorteilhaft gewesen sein, da die beiden jungen Männer mit dem Produktionsverfahren aus der Bopparder Werkstatt der Thonets mit Sicherheit vertraut waren. Jacob Henrich arbeitete fast acht Monate lang beim „Holz-Bronce-Möbel und Spiegelfabrikant" Clemens List in Wien, der ihm abschließend eine positive Arbeitsbescheinigung ausstellte. Im Juli 1843 reiste Henrich zurück nach Boppard.

Zwischenzeitlich versuchte der älteste Sohn Franz, in Boppard eine eigene Werkstatt aufzubauen. Das war nicht leicht, denn der gesamte Besitz der Thonets war gepfändet und stand zur Versteigerung an. Franz überlegte, die Schneidemaschinen und Hobelbänke zu ersteigern und in dem etwas außerhalb Boppards gelegenen Gebäudekomplex St. Martin die Produktion schichtverleimter Möbel aufzunehmen.

Bei der direkt am Rhein gelegenen Gebäudeanlage St. Martin handelt es sich um ein ehemaliges Franziskanerinnenkloster mit Kirche. Diese Anlage war Mitte der 1830er-Jahre in einem desolaten baulichen Zustand. Nach einem Besitzerwechsel fanden ab 1833 umfangreiche Umbau- und Sanierungsarbeiten statt. So wurde dort u.a. eine Stärkefabrik eingerichtet. 1838 kaufte Dr. Schmitz die gesamte Anlage für 5.000 Taler und nahm erneut Umbau- und Sanierungsarbeiten vor. Von Schmitz, gleichfalls seit 1838 in Nachfolge von Christian Brentano Besitzer des Marienbergs, versprach sich Franz Thonet Unterstützung. In einem Brief an seinen Vater Michael schrieb er am 8. September 1842: „Ich fange mit Doktor Schmitz ein Kompagniegeschäft an, und zwar in St. Martin, wo ich [...] schon zwei Hobelbänke

Das ehemalige Kloster St. Martin; Zeichnung von N. Schlad aus dem Jahre 1858.

Franz Thonet auf einer 1887 im „Illustrirten Oesterreichischen Journal" erschienenen Illustration.

stehen habe. […] Doktor *(Schmitz; Anm. d. Verf.)* wird das nöthige Geld geben, damit die Mutter und andere Geschwister zu Dir kommen können, und alles wird auf meinen Namen betrieben."

In der Tat befand sich der älteste Sohn Franz, der vom Vater mit allen Vollmachten ausgestattet war und nun Verantwortung für die gesamte Familie zu tragen hatte, in einer schwierigen Lage. Darüber hinaus war die Werkstatt von Michael Thonet bereits zu der vom Gewerbeverein für das Großherzogtum Hessen veranstalteten „Allgemeinen Deutschen Industrie-Ausstellung" in Mainz angemeldet. Durch eine Verzögerung konnte die Ausstellung jedoch nicht wie geplant im Juli, sondern erst am 12. September 1842 eröffnet werden. Obwohl Franz Thonet in seinem Brief an den Vater diese nun unmittelbar bevorstehende Eröffnung nicht erwähnt, ist anzunehmen, dass er die Möbel für die Mainzer Ausstellung angeliefert hat.

Denn im offiziellen Bericht über die „Allgemeine deutsche Industrie-Ausstellung zu Mainz 1842" heißt es: „M. Thonet, Möbelfabrikant in Boppard am Rhein (Königreich Preußen) 6 Stück elastisch gepreßte Stühle vom Mahagonyholz […], 2 Sessel […], 1 Lesetischchen mit gewundener Säule und 1 Tabulettchen mit gepreßten Säulen und Aufsatz, beide nach derselben Methode gearbeitet. Die Vortheile dieser, dem Herrn Aussteller eigenthümlichen Methode, für welche derselbe in Österreich, Frankreich und Belgien patentirt ist, bestehen hauptsächlich darin, daß den Möbeln bei vollkommener Dauerhaftigkeit und Eleganz eine ausnehmende Leichtigkeit gegeben werden kann. Eine angenehme Elasticität an den Rück- und Armlehnen der Stühle wird von dem Hrn. Aussteller gleichfalls als Vorzug seiner Methode angegeben und ferner bemerkt, daß die Arbeit, bei geringerem Holzaufwand, schneller wie bei den auf gewöhnliche Weise gefertigten Stühlen, von statten geht. Die verschiedenen Theile des Stuhls (mit Ausnahme der Sitze) bestehen nach Angabe des Hrn. Thonet aus gebogenem, aber dem Wuchs des Holzes entsprechend geschnittenen Schienen, woraus sich die bemerkte Festigkeit bei verhältnismäßig sehr geringem Holzaufwand ergibt. Hr. Thonet betreibt sein Geschäft mit ohngefähr 20 - 25 Arbeitern" (zit. nach Ellenberg in Löber, S. 118; auch: Thonet, Gedenkblatt, S. 13f.).

Die geplante Unternehmung des Kompaniegeschäftes mit Dr. Schmitz in St. Martin war offensichtlich nicht erfolgreich. Denn die Mutter Anna Maria Thonet verließ mit ihren Söhnen August, Josef und dem kleinen Jacob Boppard noch im Jahr 1842. Der thonetsche Besitz wurde im Februar 1843 für 1.246 Taler versteigert. Mit dieser Summe wurden die Gäubiger abgefunden. Schließlich verließ auch Franz Thonet seine Heimatstadt in Richtung Wien. Trotz der räumlichen Trennung blieben die Kontakte zum Mittelrein stets erhalten. Besonders die innige Freundschaft zwischen den Familien Thonet und Henrich hatte zeitlebens Bestand. So ging Jacob Henrich 1847 erneut auf die Walz, fand unterwegs in diversen Schreinereien kurzzeitig Arbeit und kam dann wieder nach Wien, wo er ebenfalls bei verschiedenen Meistern Arbeit annahm und schließlich bei einem Klavierbauer über zweieinhalb Jahre lang – bis März 1851 – eine feste Anstellung hatte. Die Abreise Henrichs aus Wien im Frühjahr 1851 erfolgte just zu dem Zeitpunkt des einsetzenden Erfolges der Thonet-Produkte.

Abgesehen von der Freude über das rasch erteilte Patent im Sommer 1842 gaben die ersten Jahre in Wien Michael Thonet wohl eher Anlass zu einem sorgenvollen Dasein: Die Handwerkerschaft der Donaumetropole erschwerte oder verhinderte durch gezieltes Hintertreiben, dass Thonet und andere Handwerker aus dem Ausland sich selbstständig machen konnten. So musste Thonet vorerst anderen Schreinern zuarbeiten. Zunächst trat er dem Schreinereibetrieb von Clemens List bei. Da List jedoch schon im fortgeschrittenen Alter war, keine Kinder (und damit keinen Nachfolger) hatte und so der Fortbestand seiner Werkstätte nicht gesichert war, empfahl er Thonet, Kontakt mit dem Architekten Peter Hubert Desvignes aufzunehmen. Desvignes hatte den Auftrag, das Majoratshaus des Fürsten von Liechtenstein in Wien umzubauen und List mutmaßte, Thonet könne dort gegebenenfalls Arbeit finden.

Michael Thonet konnte Desvignes von der Qualität seiner Fähigkeiten durch Vorlage von Parkettenmusterstücken beeindrucken. Da jedoch alle schreinertechnischen Gewerke im Palais Liechtenstein schon an die Werkstatt von Carl Leistler vergeben waren, wurde eine vertraglich fixierte Kooperations-Lösung gefunden: Thonet übernahm die handwerklich-praktische

Ausführung der Fußbodenparketten zu einem Festpreis, wobei jedoch offiziell Carl Leistler Lieferant des Gewerks im fürstlichen Palais blieb. Drei Jahre lang, von 1843 bis 1846, waren die Thonets mit den Ausführungen im Palais Liechtenstein beschäftigt. „Es wurden dort in dieser Zeit sämmtliche feinen Parketten für dieses Palais angefertigt. Hiezu wurden die Verzierungen aus den verschiedensten in- und ausländischen Hölzern gebogen, in Verbindung mit anderen Hölzern zu Blöcken zusammengesetzt und zu Fournieren geschnitten, welche dann auf in der Leistler'schen Fabrik erzeugte Blindtafeln aufgeleimt wurden. Ausser diesen Parketten mit gebogenen Figuren wurden in eben derselben Weise auch viele Parketten mit geradlinigen Zeichnungen aus Hölzern verschiedener Arten, sowie auch feine Parketten mit Laubsägeeinlagen verfertigt; ferner wurden viele Sessel aus gebogenem Holze gemacht" (Thonet, Gedenkblatt, S. 16).

Die zuletzt erwähnten Möbel sind als „Palais-Liechtenstein-Stühle" bekannt und stehen nahezu alle noch heute in Wien. Nach Beendigung der Arbeiten im Palais Liechtenstein arbeiteten die Thonets weiterhin für Carl Leistler. 1849 machte Michael Thonet einen konkreten Vorstoß, als gleichberechtigter Partner Teilhaber in Leistlers Betrieb zu werden. Leistler lehnte dieses Ansinnen jedoch ab, worauf Thonet den Kontrakt mit ihm löste und in seiner eigenen Wohnung in Gumpendorf Nr. 396 versuchte, sich selbstständig zu machen.

Im Mai 1849 begann Michael Thonet die Produktion von Möbeln in seiner eigenen Werkstatt und am 1. November 1853 wurde schließlich der offizielle Eintrag seiner Firma Gebrüder Thonet in das Firmenregister vorgenommen. Volle elf Jahre nach seiner Ankunft in Wien hatte es Thonet – trotz aller Widerstände und anfänglichen Schwierigkeiten – endlich geschafft, sich in der Donaumetropole mit einem eigenen Unternehmen zu etablieren.

Militärpflicht

Im Jahr 1850 versuchte die Regierung in Koblenz, Zugriff auf die Söhne von Michael Thonet zu nehmen, weil deren Militärdienst abzuleisten war. Denn obschon die Thonets mittlerweile seit acht Jahren in Österreich lebten, war noch kein Wechsel der Staatsbürgerschaft erfolgt. Im „Amtsblatt der Königlichen Regierung zu Coblenz" vom 31. Januar 1850 erging nachfolgende Aufforderung: „Nachbenannte Militairpflichtige des Kreises St. Goar, welche bei der vorjährigen Ersatzaushebung sich nicht gestellt haben, werden hierdurch aufgefordert, binnen 3 Monaten, von heute ab, zur Ableistung ihrer Militairpflicht vor dem Unterzeichneten Königlichen Landraths-Amte sich zu gestellen, widrigenfalls sie die Verfolgung als Widerspenstige zu gewärtigen haben“. Es folgt eine Auflistung von 65 Namen. Unter Ziffer 41 wird aufgerufen: Thonet, Franz, geboren zu Boppard am 29. März 1829.

Hier muss der Königlichen Regierung in Koblenz jedoch ein Fehler unterlaufen sein, denn an dem im Amtsblatt benannten Geburtsdatum ist nicht Franz, sondern August Thonet geboren.

Die Formulierung im Amtsblatt vom 17. Oktober 1850 klingt noch etwas schärfer: „Nachstehend verzeichnete Militärpflichtige, welche vor den Ersatzbehörden nicht erschienen sind, werden hierdurch aufgefordert, sich binnen 3 Monaten vor dem Unterzeichneten zu gestellen, widrigenfalls sie als ausgetretene Militärpflichtige verfolgt werden“. Die nun folgende Liste ist erheblich länger als die aus dem Amtsblatt vom Januar und einige bereits bekannte Namen tauchen wieder auf. Unter Ziffer 42 wird erneut auch ein „Thonet, Franz aus Boppard, geb. den 29. März 1829“ zur Fahne gerufen. Die Personenverwechslung wurde also wiederholt.

In der gleichen Liste wird unter Ziffer 67 ein gewisser „Johann Joseph Thonot aus Boppard, geboren den 29. Mai 1830“ öffentlich zum Militärdienst aufgefordert. Richtig ist hier allein das Geburtsdatum von Joseph Thonet *(vollständig: Franz Joseph Thonet; Anm. d. Verf.)*, denn sowohl Vorname als auch Nachname sind unrichtig veröffentlicht.

Die Thonets zeigten indes keinerlei Neigung zum Militärdienst, und so waren sie stets erfolgreich bemüht, solchen Verpflichtungen auszuweichen. Daher musste auch das preußische Militär schlussendlich auf ihre Dienste verzichten. Die österreichische Staatsbürgerschaft erlangten die Thonets übrigens erst im Jahre 1856 – 14 Jahre nach ihrer Übersiedelung nach Wien.

IV. Die Weltausstellung 1851 in London

Michael Thonet präsentierte seine Möbel immer wieder auf Ausstellungen. Denn diese gaben positive Impulse, neue Motivation und vor allem wirtschaftlichen Vortrieb. Ein Meilenstein in der Geschichte der Firma Thonet ist die Teilnahme an der 1. Weltausstellung im Kristallpalast in London.

Im Zuge der rasant voranschreitenden Industrialisierung war Großbritannien binnen weniger Jahre zur wichtigsten europäischen Wirtschaftsmacht geworden. Ein Leistungsvergleich der Produktionsgütererzeugnisse der Länder dieser Welt sollte die führende Rolle der britischen Industrie verdeutlichen und deren Selbstbewusstsein weiter stärken. Zur Realisierung einer solchen Leistungsschau wurde zunächst eine Architektur benötigt, die sowohl von ihrer Größe als auch von ihrer Ästhetik her Einzigartigkeit versprach. Der britische Landschaftsbauer und Glasbau-Architekt Joseph Paxton erhielt den Auftrag, ein solches repräsentatives Gebäude zu erstellen. Paxton plante einen Bau von 564 Meter Länge – das sind (man achte auf die Zahlsymbolik) genau 1.851 britische Fuß – und einer Höhe von über 40 Metern im Scheitelpunkt der gläsernen Dachkonstruktion. Der Kristallpalast wurde im Hyde Park über die bestehende Vegetation gebaut – im Inneren befanden sich also Büsche und Bäume.

Die Fertigung von Gebäuden als Glas- und Eisenkonstruktion war 1851 nicht mehr neu, doch erstmals erlangte ein solches aus dünnen Pfeilern, Streben und Glas zusammengesetztes Objekt wie Paxtons Kristallpalast Weltgeltung. Nicht nur dessen Ausmaße, sondern auch das Bautempo waren enorm: Die Baustelle wurde am 30. Juli 1850 eröffnet, und nur neun Monate später, am 1. Mai 1851, öffnete der Kristallpalast pünktlich seine Pforten für die Besucher der Weltausstellung.

Damit das kühne Projekt kontinuierlich vorangetrieben werden konnte, mussten nahezu alle Bauteile in verschiedenen Fabriken vorgefertigt werden. An der Baustelle im Hyde Park mussten weitgehend nur noch die Montagearbeiten geleistet werden. Damit diese Montage einfach, schnell und auch durch ungeschulte Arbeitskräfte bewerkstelligt werden konnte, musste sich Paxton bei der Teilefertigung auf eine überschaubare Formensprache beschränken: In nahezu unendlichen Reihungen wurden immer wieder die gleichen Formelemente zusammengesetzt. Für den gesamten Bau verwendet Paxton nur zwei verschiedene Säulenarten. Diese genormten Architektur-

Der Kristallpalast – Ausstellungsgebäude der „Great Exhibition" in London 1851.

elemente vereinfachten aber nicht nur die Montage. Vielmehr garantierte die Verwendung eines sich ständig wiederholenden Miteinanders immer gleicher Einzelelemente eine deutliche Senkung der Herstellungskosten.

Das Modulsystem der Glas-Eisen-Architektur in Skelettbauweise ließ es zu, dass der Bau nach der Ausstellung demontiert und 1853 in Sydenham bei London in etwas variierter Bauweise (das Tonnengewölbe beispielsweise bestand nun nicht mehr wie im Hyde Park aus Holz, sondern aus Gusseisen) wieder aufgerichtet werden konnte. 1936 wurde der Kristallpalast bei einem Brand zerstört.

Die beim Kristallpalast im großen Maßstab angewandte Modulbauweise setzte sich letztendlich nicht nur in der Bauwirtschaft, sondern auch in anderen Industriezweigen durch. Auch Michael Thonet machte sich diese Modulbauweise für seine Möbel zu eigen, wobei er sicherlich nicht allein durch Paxton inspiriert worden war. Dennoch war die Produktionslogistik des Paxton-Bauwerks wegweisend für die weitere Produktionsstrategie Thonets.

Die Anforderungen an die Teilnehmer der Weltausstellung waren in einem Kanon von Bestimmungen eindeutig definiert. So wurde verlangt, dass die Aussteller ihre Gegenstände auf eigene Kosten und Gefahr in das Ausstellungsgebäude anlieferten und die Versicherungskosten für ihre Exponate selbst trugen. Ein Einfuhrzoll auf die ausgestellten Güter wurde nicht erhoben, sofern diese Güter nach Ausstellungsende wieder aus England aus-

Möbel für den thonetschen Ausstellungsstand der „Great Exhibition" im Londoner Kristallpalast.

geführt wurden. Im Land verbleibende Waren sollten nachverzollt werden. Den ausgestellten Waren durften keine Preise angeheftet werden.

Nicht alles im Vorfeld der Ausstellung lief reibungslos, es gab Pannen und Fehler. Unter enormem Zeitdruck montierten teilweise bis zu 2.000 Arbeiter die standardisierten Teile des Kristallpalastes im Hyde Park zusammen. Teilweise wurden leicht beschädigte Glaselemente aufgrund der gebotenen Eile nicht mehr ausgetauscht und so kam es dazu, dass das Gebäude nicht völlig regendicht war, was auch zu Beschädigungen ausgestellter Waren geführt haben soll. Auch die Eingänge in den Kristallpalast waren zu schmal bemessen, sodass Fuhrwerke nicht problemlos hineinfahren konnten, um die Waren direkt an den Ständen abzuladen.

Ungeachtet dieser Probleme präsentierten 17.062 Aussteller aus der ganzen Welt ab dem 1. Mai 1851 ihre Produkte auf einer Ausstellungsfläche von insgesamt 86.500 Quadratmetern. Aus Österreich kamen 748 Aussteller, unter ihnen auch der Schreiner Michael Thonet. Bereits im August 1850 hatte er die Arbeiten für die Ausstellungsobjekte in London gestartet. Schließlich wurden „sechs Sessel, zwei Fauteuils und ein Canapee aus echtem Palisanderholze gebogen, mit Messingeinlagen verziert, zwei Tische, deren Platten mit Schildkrot-, Messing und Perlmutterarbeiten eingelegt waren, ferner zwei Lesetischchen und zwei kleinere Etagères und mehreres Andere" (Thonet, Gedenkblatt, S. 20) im Kristallpalast gezeigt.

Am 15. August 1851, also während Thonets Möbel in London gezeigt wurden, schrieb Michael Thonet jun. aus Wien an seinen Freund Jacob Henrich in Boppard einen langen Brief, aus dem hier auszugsweise die Passagen wiedergegeben werden, in denen Michael (unter weitgehendem Verzicht auf Satzzeichen) über die soeben einsetzende gute Auftragslage berichtet: „Was uns anbelangt sind wir noch Gott sey Dank alle recht gesund und munter unser Geschäft vergrößert sich von Tag zu Tag so daß wir jetzt schon 8 Gesellen und 3 Tagwerker haben 2 davon haben immer an der Maschine zu schneiden der andere raspelt alles was wir verleimen ins Grobe, wir können nichts thun wie richten und leimen, unsere Wohnung mußten wir ganz zur Werkstätte machen und haben so viel zu thun daß wir uns noch eine Wohnung aufnehmen mußten und Sandners Wohnung ebenfalls zur Werkstätte benutzen müssen, in Daum's Kaffeehaus auf dem Kohlmarkt haben wir das vordere Zimmer nach der Straße ganz einzurichten von Mahagoni nämlich 4 Dutzend Sessel 20 Banketten rings um die Wände 16 Tische 1 Kredenzkasten einige Etagère dies alles müßten wir schon zum 10ten September gemäß Contract abliefern. Herrn Bartl in Pest haben wir die erste Bestellung nähmlich 4 Dutzend Sessel und 1 Dutzend Fauteuil schon gemacht er bestellte aber jetzt noch mehr dazu und will wenn wir damit fertig sind den Speisesaal ganz von Mahagoni einrichten er will uns noch den ganzen Winter beschäftigen, nach Triest haben wir wieder eine große Bestellung, die Arbeit wird uns jetzt hoffentlich nicht mehr ausgehen. Wenn du also wieder hierhin kommst hast du gewiß nicht nöthig woanders in Arbeit zu treten, [...].“

Der Aufschwung des kleinen Betriebes hatte also begonnen. Der erwähnte „Herr Bartl in Pest“ (heute ein Stadtteil Budapests) war Inhaber des Hotels „Zur Königin von England“. Ungeklärt bleibt die Frage, welches Modell er bei den Thonets bestellt hatte. Es ist zu vermuten, dass es die Sesseltype Nr. 4 war, denn in dem Gedenkblatt zum 100. Geburtstag von Michael Thonet heißt es: „Der erste Auftrag auf die vorerwähnten gebogenen Sessel (Lehntype Nr. 4) wurde von Frau Daum, Besitzerin des gleichnamigen Kaffeehauses ersten Ranges am Kohlmarkte in Wien, ertheilt. Das Café Daum war somit das erste öffentliche Local, welches mit Sesseln aus gebogenem Holze eingerichtet wurde. Dieselben wurden aus echtem Mahagoniholze gebogen [...]. Die nächste große Lieferung von der gleichen Type waren 400 Sessel aus Eschenholz für das Hotel „Zur Königin von England“ in Pest (Thonet, Gedenkblatt, S. 19) – wobei die Formulierung „der gleichen Type“ klar auf das Modell Nr. 4 verweist.

Interessant ist hier vor allem die Größenordnung der Ausweitung der Bestellung aus Pest. Unstrittig ist jedoch, dass das Kaffeehaus Daum die Modelltype Nr. 4 in Auftrag gegeben hatte. Seither gilt das Modell Nr. 4 als der Kaffeehausstuhl schlechthin.

Stuhlmodell Nr. 4: Der „Café-Daum"-Stuhl verhalf Thonet zum wirtschaftlichen Durchbruch.

Die Londoner Weltausstellung entpuppte sich in jeglicher Hinsicht als riesiger Erfolg: Obwohl am Eröffnungstag viele Waren überhaupt noch nicht ausgepackt waren, kamen allein in den ersten drei Tagen dieser „Great Exhibition" schon 58.000 Besucher. Während der Dauer der Ausstellung (141 Tage) kamen insgesamt über sechs Millionen Menschen in den Kristallpalast. War die Gesamtfinanzierung der Schau zu Beginn noch unwägbar, so blieb den Veranstaltern am Ende sogar ein erheblicher Überschuss. Allein der Ausstellungskatalog – von dem bei der Eröffnung nur zwei Exemplare vorlagen, welche an Königin Victoria und ihren Gemahl Prinz Albert überreicht wurden – wurde bis Mitte Oktober 1851 (der letzte öffentliche Ausstellungstag war der der 11. Oktober) beachtliche 250.000-mal verkauft.

Den Abschluss der Weltausstellung bildete die Auszeichnung der Aussteller. Preise in Form von finanziellen Zuwendungen waren nicht vorgesehen. Eine Jury honorierte die Ausstellenden mit insgesamt 3.125 Medaillen und 2.123 lobenden Erwähnungen. Michael Thonet erhielt von der Jury nach eigenen Angaben eine „große Bronzemedaille" (Thonet, Gedenkblatt, S. 20) – die höchste Auszeichnung für Industrieprodukte. Thonets langjähriger Arbeitgeber, die Firma Leistler und Sohn, war auch auf der „Great Exhibition" vertreten und zeigte dort vier komplett eingerichtete Zimmer. Sie erhielt als Anerkennung die weit wertvollere „Große Verdienstmedaille", welche die höchste Auszeichnung überhaupt war. Auf ihr befand sich der Sinnspruch „EST ETIAM IN MAGNO QUEDAM RESPUBLICA MUNDO" (Auch in dem Ganzen der Welt erblühet uns eine Gemeinde).

Thonets Stuhlmodell Nr. 2, gezeigt auf der Industrie- und Gewerbeausstellung 1854 in München.

Thonets Stuhlmodell Nr. 3, gezeigt auf der Industrie- und Gewerbeausstellung 1854 in München.

Thonets Nähtisch, gezeigt auf der „Great Exhibition" 1851 in London.

Angesichts der Tatsache, dass Österreich bei insgesamt 748 Ausstellern nur vier „Große Verdienstmedaillen" erhielt, ist die Honorierung für Leistler entsprechend hoch zu werten.

Der Architekt des Kristallpalastes, Joseph Paxton, wurde bald nach der Ausstellung von der britischen Königin geadelt. Seine Systembauweise, die modulare Ordnung, die Typisierung der Konstruktionselemente, das Prinzip der Vorfertigung, Teileanlieferung und Endmontage sowie die Reduktion auf die beabsichtigte Zweckmäßigkeit waren wegweisend für die Fertigungstechniken und Logistik der weiteren industriellen Revolution. Seinem Bauprinzip folgend, entstanden in den nächsten Jahren mehrere „Glaspaläste", wobei insbesondere der Glaspalast für die „Allgemeine Ausstellung deutscher Industrie- und Gewerbeprodukte" in München 1854 zu nennen ist. Michael Thonet nahm auch dort als Aussteller teil und zeigte verschiedene seiner Stuhlmodelle, u.a. die Nr. 2 und Nr. 3.

Der wesentlich Unterschied des Münchener Ausstellungssortiments gegenüber der „Great Exhibition" in London 1851 bestand darin, dass Thonet nun nicht mehr elitär anmutende, teure Luxusmöbel ausstellte, sondern bereits die Modelle der späteren Serienfertigung. Die Firmenphilosophie der Thonets hatte sich also binnen weniger Jahre grundlegend gewandelt: Während man 1851 noch die Einzelanfertigung favorisierte, setzte man 1854 bereits auf Massenfertigung.

Thonets Tisch, gezeigt auf der „Great Exhibition" 1851 in London.

Die von Michael Thonet 1851 in London ausgestellten Möbel wurden allesamt von einem Freund der Thonets, dem bereits erwähnten Architekten Peter Hubert Desvignes gekauft. Nach dessen Tod im Jahr 1883 erwarb die Familie Thonet diese Möbel zurück. Das wohl interessanteste Möbel aus dieser Ausstellung, ein Nähtisch mit gewundener Säule, befindet sich heute im Privatbesitz der Familie im hessischen Frankenberg. Bei einer kürzlich durchgeführten Substanzanalyse der Tischplatte stellte sich heraus, dass die verwendeten Einlegearbeiten nicht wie lange vermutet aus Perlmutt und Schildpatt bestehen. Die Thonets hatten einfache, aber diesen Materialien täuschend echt nachempfundene Imitate aus feinstgemahlenen Fischschuppen und Hautleim aufgebracht. Angesichts der prekären wirtschaftlichen Situation des Unternehmens im Vorfeld der Weltausstellung ein verständliches und vernünftiges Vorgehen.

V. Gretel May und Michael Thonet jun. – Eine unerfüllte große Liebe

Einer von Michael Thonets Bopparder Jugendfreunden war der drei Jahre jüngere Jakob May, der den Beruf des Apothekers ergriff. Seiner Ehe mit einer Arzttochter aus Hessen entsprossen vier Kinder. Mays 1830 geborene älteste Tochter Margaretha (genannt Gretel) wurde in den 1850er-Jahren zur Hauptfigur einer überaus unglücklich endenden Liebesbeziehung zu Michael Thonets zweitältestem Sohn Michael jun.

Der 1824 geborene Michael Thonet jun. (in den Briefen oftmals „Michel" genannt) hatte Gretel May zu einem heute nicht mehr rekonstruierbaren Zeitpunkt kennengelernt und sich offensichtlich unsterblich in die junge Frau verliebt.

Jakob May hatte 1848 Boppard verlassen und war nach Oberwesel gezogen. Dort hatte er sich selbstständig gemacht und die erste Oberweseler Apotheke gegründet. Zwei unverheiratete Schwestern von Jakob May, beide nicht in der besten gesundheitlichen Verfassung, wohnten weiterhin in Boppard. Tochter Gretel hatte die Aufgabe übernommen, die beiden Tanten pflegerisch zu betreuen.

Der Brief von Michael Thonet sen. an Apotheker Jakob May in Oberwesel vom 18. Dezember 1855 deutet die frühen wirtschaftlichen Erfolge der noch jungen Firma Gebrüder Thonet ebenso an wie die Ungeklärtheiten in Sachen „Eheanbahnung" seines Sohnes Michael jun. zu Gretel May (im Brief „Gredchen" genannt). Vater Thonet schreibt darin:

„Lieber Freund May, Du wirst es sonderbar finden, daß mein erstes Schreiben, welches ich an dich richte eine Bitte betrifft dessen Erfüllung wir alle sehnlichst wünschen. Ich habe mir schon oft selbst Vorwürfe gemacht, daß ich meine guten Freunde in dieser Beziehung so vernachlässige, allein am Anfang unseres Hierseins konnte ich wenig Erfreuliches über uns berichten und jetzt häufen sich die Geschäfte der Art, daß ich manchmal gar nicht weiß, wo mir der Kopf steht, ich hoffe meine Freunde kennen mich von früher her, daß dies nicht aus Mangel an aufrichtiger Freundschaft geschehen ist.

Meine Bitte betrifft deine Tochter Gredchen die mein Sohn Michael bei dortiger Anwesenheit hat kennen gelernt, daß deine Tochter meinen Sohn liebt, habe ich aus ihrem letzten Schreiben an ihn ersehen, daß mein Sohn

Porträt Michael Thonet jun. aus dem „Illustrirten Oesterreichischen Journal“ 1887.

Deine Tochter liebt geht daraus hervor, daß er mich täglich fragt, ob ich noch nicht an Dich geschrieben, und daß er sich gegen die Mutter geäußert, daß er sie heiraten würde wenn er sein Gredchen nicht bekäme, was mich und die gute Mutter betrifft, so wäre es uns sehr erwünscht ein wohlerzogenes gutes Mädchen, und dabei Freundin unsere Tochter zu nennen, und in unserer Mitte zu haben, ich bin gewiß, daß sie bei uns sehr zufrieden sein wird, unsere Verhältnisse sind so gestellt, daß wir auf eine Mitgabe an Geld keinen Anspruch machen; unser Geschäft geht Gott sei Dank recht gut und gewinnt täglich mehr Ausdehnung.

Ich glaubte mein Sohn Franz würde bei seiner retour Reise von Paris auch *(euch; Ergänz. d. Verf.)* besuchen und in dieser Beziehung diese Sache in Ordnung machen; allein er war 8 Wochen auf der Reise und verlangte zu sehr nach Hauß. Deswegen schlug der den nächsten Weg ein, Michel und Franz sagten mir, daß Du und Deine liebe Frau die Zustimmung nicht verweigern würdet, sondern unsere Freunde in Boppard würden es nicht gern sehen, wenn Gredchen von ihnen weg käme, ich begreife und fühle es selbst wie unhöflich es wäre wenn wir die große Freundschaft die sie besonders in letzter Zeit meinen Kindern erwiesen mit Andacht zu lohnen suchten, allein die Vaterpflicht ruft mir zu für ihn zu sorgen meine Kinder sind mir am nächsten, wenn es daher lieber Freund May durch deine Fürsprache in Boppard ohne Verdruß geschehen kann so wäre ich auch allen sehr verpflichtet, ich bitte Dich mir möglichst bald hierüber etwas bestimmtes zu berichten, sollte es gegen mein Erwarten nicht günstig für meinen Sohn ausfallen, so bin ich ebenfalls verpflichtet ihn durch gute Worte und Vorstellungen zu beschwichtigen und auf andere Gedanken zu bringen.

Wir befinden uns alle gesund, die Colera ist wieder verschwunden. Indem ich wünsche, daß auch mein Schreiben im besten Wohlsein antreffen wird grüßen Dich, Deine liebe Frau nebst Familie und unsere Bopparder Freunde May aufs herzlichste und verbleibe auf jeden Fall Dein aufrichtiger Freund M Thonet senior."

Hier wird deutlich und hoffnungsvoll der Erwartung zur Anbahnung einer Ehe zwischen Michael jun. und Gretel May Ausdruck verliehen. Bei der Lückenhaftigkeit der noch vorhandenen Dokumente ist es geradezu als glücklicher Umstand zu werten, dass auch das unmittelbare Antwortschreiben von Apotheker May noch existiert. Zum Verständnis des nachfolgend auszugsweise wiedergegebenen Briefes sei erwähnt, dass die dort erwähnte Mathilde die um vier Jahre jüngere Schwester von Gretel May war und Heinrich ein in Boppard lebender jüngerer Bruder von Jakob May. Mays Antwort wurde am 30. Januar 1856 verfasst und von Oberwesel (22 Kilometer rheinaufwärts von Boppard) aus verschickt. Sie lautet:

„Lieber Thonet! Dein liebes Schreiben vom 18. v. M. *(vorigen Monats; Anm. d. Verf.)* kann ich Dir erst jetzt und zu meinem Bedauren doch nicht fertig beantworten.

Ich schickte meinem Bruder Heinrich dein Schreiben und lud ihn ein mit meinen Schwestern einmal auf ein Tag zu besuchen um die Sache zu besprechen, denn ich kann aus Geschäftswegen nicht hier weg um sie in Boppard zu besuchen. Ich mußte aber über 8 Tage auf Antwort warten und diese lautet so wie sich meine Schwestern auch schon früher ausgesprochen hätten und mir und meiner Frau als Eltern überlassen müssten, was zu thun sei. [...] Nach dieser Antwort ließ ich meine Tochter Mathilde auch einige Zeit nach Boppard zu Besuch gehen mit dem Auftrag, die Stimmung meines Bruders und Schwestern so wie auch Gretchens zu erforschen.

Mathilde kam nun vor einigen Tagen zurück und bestätigte alle meine Vermutungen und Befürchtungen. Es bestehen zwischen uns so eigenthümliche Verhältnisse, meine Geschwister werden immer älter, haben Hilfe nöthig und an meiner Schwägerin Traudchen haben sie keine Unterstützung, im Gegentheil noch mehr Arbeit, da dieselbe schon 2 Kinderchen hat.

Kurz, ich kann mich nicht entschließen ihnen Gretchen wegzunehmen. Gretchen thut dies auch nicht, wenn es nicht in vollkommen*(em)* Einverständnis mit ihren Tanten geschehen kann. Wenn ich mündlich mit Dir sprechen könnte, so würde ich Dir das alles näher auseinander setzen. Ich hoffe, dass du mich nicht falsch beurtheilst und wenn Du in diesem Sommer nach Boppard kommst, wie ich schon mehrmals gehört habe, so erwarte ich, dass Du auch uns hier besuchst, so wie auch welchen von Deinen Söhnen einmal wieder die Reise vorbei macht.

Es war uns übrigens angenehm zu vernehmen, dass Du Dich mit Deiner ganzen Familie wohl befindest und Dein Geschäft so gut *(geht; Ergänz. d. Verf.)*.

Wir befinden uns zurzeit auf einer Reise und grüßen Euch alle freundlichst besonders Deinen Michel, der sich einstweilen trösten möge. May."

Der mögliche Brautvater stand also zwischen den Bedürfnissen seiner Geschwister, die sein „Gretchen" weiterhin gern als Haushalts- und Pflegehilfe in Anspruch nehmen wollten, und der Forderung der Thonets nach einer baldigen Entscheidung. Jakob May war aber entscheidungsschwach und wollte wohl auch eine familieninterne Auseinandersetzung mit seinen Geschwistern vermeiden.

Ein weiteres, ca. vier Jahre nach diesem Schriftwechsel entstandenes Dokument zeigt, dass die Angelegenheit noch immer nicht zu einer Klärung gekommen war. Am 18. Februar 1859 interveniert Michael Thonet sen. von Koritschan aus nochmals im Interesse seines Sohnes Michael jun. und schrieb:

„Lieber Vetter May. Mein Sohn Michel bittet mich dir nochmals in bezug deiner Tochter Gredchen an dich zu schreiben wir wünschen nämlich da Michel schon 34 Jahre alt ist, es an der Zeit ist daß er heiratet, bei unserer jetztigen Stellung wäre es ihm ein Leichtes eine angemessene Partie zu finden, allein er sagte mir Gredchen hätte zu ihm gesagt wenn sie ihn nicht zum Manne bekäme so würde sie nie heirathen. Da nun mein Sohn Gredchen sehr lieb hat und sie so leicht nicht vergessen kann, so rechnet er sich es zur Pflicht an besten er für unsern Willen nachkommt, nochmals bei dir um Gredchen zu bitten, Gredchen würde uns allen herzlich willkommen sein, sie würde mit Michel ein anständiges und glückliches Leben haben, wegen einer Heirathsmitgabe darfst du dir keine Sorgen machen, Michel sein Antheil am Geschäftskapital beläuft sich jetzt schon über 25.000 fl *(Florin; Anm. d. Verf.)* und unser Geschäft ist immer noch im steigen begriffen, es ist nicht Michel sondern unser aller Wunsch Gredchen glücklich zu machen, ich weis wohl aus deinem letzten Brief an uns daß du dadurch Verdruß in deiner Familie fürchtest, du mußt aber doch überlegen wenn die Tanten Gredchen lieb haben wollen, warum wollen sie eine alte Jungfer aus ihr machen, ich wünsche gewiß alles Gute unseren lieben Tanten und haben durch ihr freundschaftliches Benehmen alle Ursache dazu, allein ich kann nicht gut billigen daß mein Sohn und deine Tochter in ihrem Glück gestört werden, und ich glaube sogar du so wie auch unsere Tanten solltet auch eine Gewissensfrage daraus machen warum Gredchen dies Opfer bringen muß.

Wir haben in Mähren eine großartige Fabrik erbaut worin wir gegenwärtig 270 Arbeiter beschäftigen, in Mähren ist das Holz besonders aber die Arbeitskräfte 1/3 billiger wie in Wien, da unser größter Absatz ins Ausland geht so ist das für uns viel vortheilhafter, wir sind wechselweise hier und in Wien, ich, Franz, Michel, August und Jakob sind jedoch meistens in der

Fabrik – die Mutter und Josef in Wien, wo wir unsere Hauptniederlage haben, die Mutter wird kommenden Sommer wieder ins Bad gehen, sie ist noch immer leidend aber gegen früher doch in einem viel besseren Zustand; ich hoffe, daß sich ihre Gesundheit diesen Sommer bessern wird. August ist seit letzten Sommer geheiratet, er hat eine liebe Frau und lebt sehr glücklich. Josef hat eine Partie in Wien und wird auch kommenden Sommer heiraten, wir sind bis auf die Mutter alle gesund.

Ich bitte mir über unseren Wunsch recht bald zu schreiben, wir verbleiben in jeder Beziehung recht gute Freunde und hoffe daß dich und deine werthe Familie mein Schreiben im besten Wohlsein antreffen wird, viele herzliche Grüße von uns allen an dich und deine werthe Familie besonders von deinem dich hoch achtenden Vetter M. Thonet senior, Koritschan bei Gaya in Mähren."

Auch auf diese zwar freundliche, aber dennoch sehr bestimmt auf eine Entscheidung drängende Intervention von Michael Thonet sen. liegt die unmittelbare Antwort vor. Am 30. März 1859 antwortete Jakob May:

„M. l. *(Mein lieber; Anm. d. Verf.)* Thonet! Nimm es mir nicht übel, daß ich Dir erst heute Dein Schreiben vom 18. v.M. beantworte, Krankheit meiner Frau und Tochter und überhäufte Geschäfte nahmen mich zu sehr in Anspruch und gerade beim Empfang des Schreibens war Gretchen hier um wegen Mutters Krankheit nun die Haushaltung zu führen.

Gretchen staunte sehr über Deinen nochmaligen Anfang, da sie schon ca. 2 Jahre aus sicheren Quellen erfahren hatte, daß der S. M. (*Sohn Michael; Anm. d. Verf.)* verlobt und der Hochzeitstag schon festgesetzt sei, glaubte also denselben längst verheiratet. Trotzdem nahmen wir die Sache in richtige Überlegung und einige Tage nach der Rückkehr Gretchens nach Boppard besuchten uns auch die beiden Schwestern, bei welchen natürlich diese Sache auch zur Verhandlung kam. Das Resultat aber war Dasselbe wie früher. Erstlich will Gretchen sich nicht soweit von uns und ihren Tanten entfernen und hatte auch schon bei der hier angelangten Nachricht die Verlobung M *(Michaels; Anm. d. Verf.)* auf den Besitz desselben resigniert, obschon er zunächst ihr das Versprechen gegeben, sie oder keine andere zu heirathen.

Zudem ist Gretchen jetzt nach dem Tod des Bruders in Boppard nöthiger als früher und am Rheinstrom wollen sie *(die Tanten; Anm. d. Verf.)* gern ihre letzten Tage bei ihr beschließen, [...].

Beim ersten Lesen deines Schreibens muß ich gestehen, war ich sehr für diese Verbindung, aber nach reiflicher Erwähnung aller Umstände sehe ich doch ein, daß es nicht geht.

Ich hoffe, daß Du mir diese abermalige abschlägige Antwort nicht verübelst [...] und sei versichert, daß ich Dich immer wie früher als Freund betrachte so wie ich *(es)* von Dir erwarte, und wenn dein S. M. doch eine gute Parthie machen kann, woran wir nicht zweifeln, so wünschen wir wie auch

Gretchen ihnen viel Glück dazu. Es war uns sehr angenehm zu erfahren, daß Euer Geschäft so im Schwung ist, auch Ihr euch alle wohl befindet, bedauere um deine liebe Frau leidend zu wissen und hoffe baldige Besserung und sollte sie vielleicht ein Bad in unserer Nähe besuchen oder sonst ein Glied Deiner Familie hier vorbeireisen, so rechnen wir fest auf ihren Besuch.

Übrigens grüß*(en)* wir Euch alle herzlich besonders Dein ergebenster Vetter und Freund May."

Mit dieser sehr deutlichen Aussage hatte die große Liebe zwischen Michael Thonet jun. und Gretel May keine weitere Zukunft. Immerhin herrschte nun Klarheit in dieser Angelegenheit und „Michel" konnte sich anderweitig nach einer Braut umsehen. Sehr lange kann diese neue Brautschau nicht gedauert haben, denn bereits wenige Monate nach dieser definitiven Absage aus Oberwesel / Boppard, im Februar 1860, heiratete Michael Thonet jun. Jeanette Herbert.

Der Kontakt der Thonets zur Familie May blieb aber in Freundschaft erhalten. Als eine der beiden Tanten in Boppard 1866 starb, wurde auch die Familie Thonet von dem Todesfall benachrichtigt. Franz Thonet kondolierte in einem Schreiben an Gretel nach Boppard. Dieser Brief, geschrieben in Bistritz am 22. Oktober 1866, gibt gleichzeitig einen sehr authentischen Eindruck von der damaligen Situation und ist ein aufschlussreiches Zeitdokument:

„Liebes Gretchen. Die Nachricht von dem Tode der guten Tante hat uns Alle sehr ergriffen und können wir uns leicht Euren tiefen Schmerz denken. Aber die Wege des Allmächtigen sind unerforschlich, wir müssen uns in das Unvermeidliche fügen und mit Geduld ertragen. Während des Krieges hatten wir auch viel Ungemach zu ertragen, erst durch österreichisches Militär und dann durch preußische Regimenter und Einquartierungen, in Koritschan hatten wir 6 Wochen 30 Mann, 36 Pferde und 8 Offiziere *(aus)* Preußen, hier *(in Bistritz; Anm. d. Verf.)* hatten wir auch liegen [...] 36 Mann Kürassiere nebst den Pferden. Nicht allein durch den Krieg aller Verkehr aufhörte, so daß wir Monate lang gar nichts fortschicken konnten, das Schlimmste war*(en)* die Preußen und brachten uns die Cholera. Wir haben in unseren Fabriken viele Leute verloren, vor 14 Tagen hatten wir noch 40 Kranke hier. Jetzt ist sie aber Gott sei Dank ganz erloschen. Hoffentlich bleibt ihr von diesem Gaste verschont. Wir waren eine Zeit alle zusammen in Ugrócz, sogar Weib und Kinder, später ging ich wieder nach Bistritz und ließ Carry [...] in Ungarn; da ist zwar auch die Cholera [...] aber unser Platz blieb verschont. Vor 14 Tagen brach aber auch dort die Seuche so schrecklich aus, daß aus unserem Hause in einigen Tagen 7 starben, zum Glück aber Niemand von unserer Familie. Vater, August, Josef mit Frauen und Kindern reisten nach Wien von wo ich Carry [...] abgeholt *(habe)* und sind wir wieder jetzt in Bistritz. [...] Wir haben in keinen unseren Niederlagen Vorräthe, weil wir nichts transportieren konnten. Wir hatten jetzt wieder 3 Wochen Unterbrechung, da die Bahn nur

Schloss Nagy-Ugrócz (Groß-Ugrócz), Wohnsitz u.a. von Franz Thonet in Ungarn.

Franz Thonet benachrichtigt Verwandte und Freunde von dem Ableben seiner geliebten Frau

Caroline Thonet geb. Bovingden,

welche Donnerstag den 9. Juli 1874 um 1 Uhr Mittags nach langem Leiden im 40-ten Lebensjahre sanft im Herrn entschlafen ist.

Die Beerdigung findet Samstag am 11. Juli Abends 6 Uhr in Gross-Ugrócz statt.

Neutra, 1874. Druck von Michael Siegler.

Todesanzeige für Caroline „Carry“ Thonet, geb. Bowingdon, die erste Ehefrau Franz Thonets.

Militär und Militärgegenstände transportiert und gar keine Güter aufnahm. Im Frühjahr, wenn wir nach der Pause Ausstellung fahren, kommen wir durch Boppard wenn wir gesund bleiben - wir freuen uns schon darauf. [...]

Das Geschäft geht jetzt sehr stark und hoffen wir, daß es so anhalten wird. Die Fabrik in Ugrócz ist jetzt auch fleißig in Betrieb. Schreibe uns bald, grüß uns herzlich die Tante, [...] und sei herzlich gegrüßt und geküsst von uns allen – Franz Thonet."

Bei dem im Brief erwähnten Krieg handelt es sich um den Feldzug der Preußen gegen Österreich, der mit der Niederlage der Österreicher in der Schlacht bei Königgrätz an der Elbe im Sommer 1866 sein Ende fand. Die erwähnte „Carry" ist Franz Thonets Gattin Caroline, geb. Bowingdon (auch: Bovingdon). Die Ehe blieb jedoch kinderlos und Caroline wurde nur 40 Jahre alt. Sie starb am 9. Juli 1874 nach langem Leiden im ungarischen Firmenstandort Groß-Ugrócz, wo die Thonets eine burgartige Herrschaftsresidenz bewohnten.

Auch weitere Briefe aus dem Kreise der Familie Thonet an Gretel May sind bekannt und belegen den freundschaftlichen Kontakt der Thonets auch über das Ende der unerfüllt gebliebenen Liebe zwischen Michael jun. und Gretel hinaus. Sie konnten zusammen nicht kommen – und so blieb Gretel May zeitlebens unvermählt. Im Oberweseler Bürgerbuch ist ihr Leben in zwei Zeilen dokumentiert: „May, Margaretha, geb. am 29.01.1830 – gest. am 25.01.1886 virgo *(als Jungfrau; Anm. d. Verf.)*, begraben am 28.01.1886 auf dem Friedhof St. Martin in Oberwesel."

VI. Das Thonetsche Rad

Mit dem Namen Thonet verbindet man heute nahezu ausschließlich die Assoziation formschöner, leichter Bugholzmöbel. Es ist jedoch kaum bekannt, dass Michael Thonet auch eine neue Radkonstruktion erfunden hat: das sogenannte Thonetsche Rad. Erwähnung findet dieses Rad u.a. in „Meyers kleinem Konversationslexikon" von 1899: „Thonet, Michael, Industrieller, geb. 2. Juli 1796 in Boppard, Möbelfabrikant in Wien, gest. daselbst 3. März 1871, erfand das Biegen des durch Wasserdampf oder Kochen in schwacher Leimlösung erweichten Holzes, das, in eisernen Formen getrocknet, die ihm gegebene Krümmung beibehält, konstruierte ein Rad mit metallener Nabe und auswechselbaren Speichen."

In dem wesentlich umfangreicheren Brockhaus-Lexikon des Jahres 1895 werden Michael Thonet und die Möbelproduktion überhaupt nicht erwähnt. Aber unter dem Schlagwort „Thonetsche Räder" ist zu lesen: „Thonetsche Räder, hölzerne Räder mit metallener Nabe, die das Auswechseln zerbrochener Speichen ohne Nacharbeiten ermöglichen sollen; sie wurden 1860 von dem Wiener Fabrikanten Thonet konstruiert und sind in verschiedenen Feldartillerien eingeführt."

Archivrecherchen haben ergeben, dass Thonet bereits in seinem Bopparder Betrieb mit der Konstruktion von Wagenrädern experimentiert haben muss. Höchstwahrscheinlich hatte er auf der Koblenzer Gewerbeausstellung, in der Fürst Metternich auf die Thonet-Objekte aufmerksam wurde, neben einigen Möbeln auch ein Rad gezeigt. Als Thonet dann auf Einladung Metternichs nach Schloss Johannisberg reiste, um dem Staatsmann seine Produkte und das Wesen des Biegens von Holz aus schichtverleimten Furnieren zu erläutern, nahm er u.a. auch ein selbst konstruiertes Rad mit.

Das Gedenkblatt aus Anlass der hundertsten Wiederkehr des Geburtstages von Michael Thonet (verfasst von seinen Söhnen und Enkeln und veröffentlicht 1896) gibt darüber Auskunft: „Michael Thonet kam dieser Aufforderung *(zum Besuch bei Metternich; Anm. d. Verf.)* nach und stellte sich auf Johannisberg bei dem Fürsten ein. Er brachte Sessel, Stöcke, ein Wagenrad und verschiedene andere Gegenstände aus gebogenem Holz mit. Der Fürst zollte der Erfindung den vollsten Beifall [...]." Und in einem Brief aus Wien schrieb Michael Thonet 1842 an seine Familie in Boppard über den Fürsten: „Er weiß die Bearbeitung so auszulegen, als ob er bei uns gearbeitet hätte, besonders in Erklärung der Vorzüge der Räder [...].“

Hier scheint deutlich zu werden, dass Metternich ein besonderes Interesse an der Konstruktion des Thonetschen Rades entwickelt hatte. Möglicherweise war er von der Brauchbarkeit dieser Räder mehr überzeugt als von den schichtverleimten Möbeln – zumal die Räder militärischen Nutzen versprachen. Es ist auch nicht bekannt, dass Metternich je ein einziges Möbel bei Thonet gekauft hat. Die vermeintliche Begeisterung Metternichs über die Erzeugnisse der Werkstatt von Michael Thonet konzentrierte sich offenbar auf das Rad und nicht, wie es immer wieder in der Literatur über Thonet dargestellt wird, auf die Möbel. So drängt sich die Vermutung auf, dass Metternich das erfinderische Potential Thonets erkannt hatte und ihn primär wegen seiner produktiven Ansätze bei der Entwicklung eines verbesserten Rades nach Wien holen wollte. Auf jeden Fall hätte Metternich auf diese Weise (vermeintlich) verhindern können, dass Thonet seine Erfindung möglicherweise den Armeen anderer Länder anbot. War also die von Metternich initiierte Übersiedlung Thonets nach Wien lediglich Teil einer Verhinderungsstrategie? Wenn man das Maß der 1841 in Aussicht gestellten Unterstützung Thonets durch Metternich abgleicht mit der dann tatsächlich wirksam gewordenen Unterstützung, kann man kaum Zweifel hegen, dass Metternich hier mit großem Geschick diplomatisch zu seinem eigenen, bzw. Österreichs Vorteil gewirkt hat.

Das dem Fürsten auf Schloss Johannisberg gezeigte Rad ist offenbar zu Demonstrationszwecken in der Obhut von Metternich verblieben. Immerhin erhielt Thonet die Chance, seine Idee des neuartigen Konstruktionssystems bald nach seiner Ankunft in Wien dem Niederösterreichischen Gewerbe-Verein vorzustellen. Von der Vorstellung der Konstruktion am 6. Juni 1842 ließ der Verein eine Niederschrift anfertigen, aus der die nachfolgende Beschreibung entnommen ist:

„[...] Die nach erwähnter Erfindung verfertigten Räder sollen alle früheren an Stärke und Dauer übertreffen, indem der äußere Felgenkranz nicht mehr aus Stücken, sondern aus fortlaufendem Längenholze besteht, dessen mehrere Dicken durch ihre Versetzung einen vollkommen geschlossenen Radkreis bilden. Dieser Radkreis bleibt infolge besonderer Construction der Speichen, welche wohl in die Nabe, nicht aber in den Felgenkreis eingebohrt werden, völlig ungeschwächt, und es kann mit einem solchen Rade, selbst wenn der äußere Radreif abgehen sollte, noch immer mit größter Sicherheit gefahren werden.

Die Speichen sind gegen den Felgenkreis in zwei Theile gespalten, und nach dem neuen Verfahren dergestalt auseinandergebogen, daß die beiden Arme jeder Speiche sich dem Felgenkreise anschließen, und mit ihren zusammenstoßenden Hirnfugen einen inneren zweiten Kreis bilden, der zur Haltbarkeit des äußeren Zirkels wesentlich beiträgt. Nach dieser Construction ist

Versuch einer Konstruktionszeichnung nach Angaben von Streicher 1843.

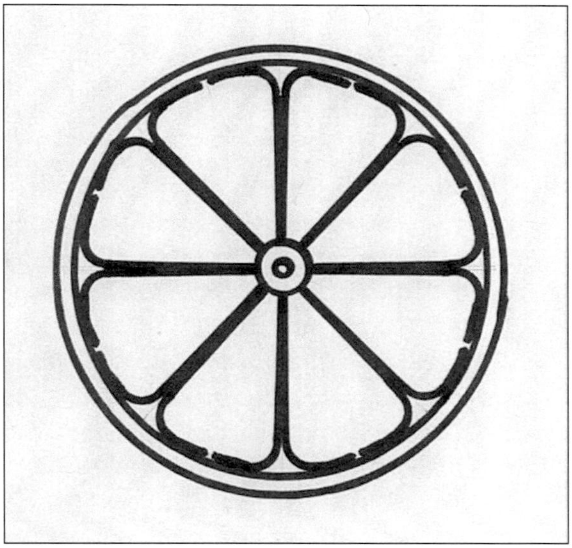

es, falls Speichen wirklich abgestoßen werden, oder brechen sollten, gar nicht nöthig, den Felgenkranz zu öffnen, sondern die neuen Speichen können augenblicklich in die Nabenlöcher eingesetzt, und in den Felgenkranz durch die ihnen eigenthümliche Elasticität eingesprengt werden.

Gemäß der eben angeführten Vorzüge, halten die Herren Thonet und Van Meerten die Anwendung solcher Räder besonders für die Artillerie von größter Wichtigkeit, und sie bedauern nur, durch zufällig verspätete Nachsendung des Musterrades außer stande zu seyn, der hochverehrten Versammlung ein solches in Wirklichkeit vorzeigen zu können [...]."

Der im Text benannte Van Meerten war einer der Kreditgeber Michael Thonets aus Boppard.

Der schwierige berufliche Start 1842 in Wien machte Michael Thonet eine weitere Arbeit an der Idee gebogener Radfelgen unmöglich. Aber bereits in der Fabrik in Koritschan setzte er die Idee gebogener Radfelgen erneut in die Realität um. Diese Beschäftigung mit den Rädern gab gleichzeitig Anlass zu neuen Versuchen. Dabei entwickelte Thonet dann auch eine neue Radnabenkonstruktion, die einen wertvollen und praktischen Nutzen versprach. Am 8. Januar 1860 nahm die Firma Gebrüder Thonet ein Privilegium für diese neuartige Radnabenkonstruktion, welches für fünf Jahre Gültigkeit hatte.

Die Konstruktion dieser eigenartigen Nabe besteht aus einer Scheibe, die mit der metallenen Achsenbüchse aus einem Stück angefertigt ist. Hinzu kommt die ebenfalls metallene Verschlussplatte. Die hölzernen Speichen sind an dem der Nabe zugewendeten Ende verstärkt und keilförmig zugeschnitten. Sämtliche Speichen stoßen knapp außerhalb der Nabe mit ihren Verstärkungen (Verdickungen) aneinander und stabilisieren sich so gegenseitig. Diese hohe

Stabilität macht einen Einsatz dieser Thonetschen Räder für schwere Fuhrwerke und Kanonenlafetten möglich. Weil die Schraubbolzen der Verschlussplatte gelöst werden konnten, ermöglichte dies das Auswechseln einzelner Speichen, auch ohne das Rad vom Wagen oder der Kanone zu demontieren.

Thonet ließ seine Erfindung vom Wiener k.u.k. Arsenal in der Hoffnung auf gute Aufträge begutachten. Aber die erhoffte offizielle Beachtung blieb ebenso aus wie die erhofften Aufträge. Ohne Rücksichtnahme auf das Patent Thonets wurden nun aber ab 1862 in den Werkstätten des k.u.k. Arsenals Räder nach dem thonetschen System u.a. für Batteriefestungslafetten produziert und für Truppentransporte und Feldartillerie verwendet.

Nach dem wirtschaftlichen Misserfolg seiner Erfindung in Österreich stellte Thonet sein Rad dem preußischen Kriegsministerium in Berlin vor. Dessen Reaktion war zurückhaltend: Das Ministerium bestellte bei der Firma Thonet acht komplette Räder mit Büchsen und Achsen für zwei Kanonen. Die bestellten Räder konnten rasch geliefert werden. Die beiden damit ausgerüsteten Kanonen sollen beim Schleswig-Holsteinischen Krieg zum Einsatz gekommen sein. Und offenbar hatten sich die Räder bewährt, denn das preußische Kriegsministerium teilte der Firma Gebrüder Thonet mit, dass man zufrieden sei mit dem Produkt und die Absicht habe, diese Räder in der Armee einzuführen.

Während der Verhandlungen, in deren Verlauf Thonet sein österreichisches Räderpatent auf Preußen ausdehnen wollte, legte man dem Patentinhaber unvermittelt eine alte Zeichnung von 1794 mit einer ähnlichen Nabenkonstruktion vor. Aufgrund der Existenz dieser alten Zeichnung wurde die Neuheit der thonetschen Idee verworfen und ein weiteres Patent verweigert.

Immerhin war die preußische Regierung aufmerksam geworden auf die stabilen Räder Thonets und baute nun in den Arsenalwerkstätten dieses Rad in eigener Verantwortlichkeit. Auf diese Weise wurden Räder nach dem thonetschen Bauprinzip (und sogar unter der Bezeichnung „Thoneträder") bei der gesamten preußischen Artillerie eingeführt.

Schließlich gelang es Thonet, in England ein Patent auf seine Radkonstruktion zu erhalten. Zu diesem Zweck setzte sich Michael Thonet in Verbindung mit Sir William Armstrong, dem Erfinder der Armstrong-Kanone. Armstrong setzte sich sodann dafür ein, dass seine Kanonen mit Thoneträdern versehen werden sollten. Allerdings kam es nicht dazu. Die letzte Entscheidung zur Ausstattung der militärischen Waffen hatte das Selekted-Komitee, welches der thonetschen Erfindung gleichfalls die Neuheit absprach. Man befand, dass die ehemalige East India Company schon vor längerer Zeit mit solcherlei Radkonstruktionen ausgerüstet gewesen sei, und dass es der britischen Armeeverwaltung daher freistehe, solche Räder selbst herzustellen und einzusetzen.

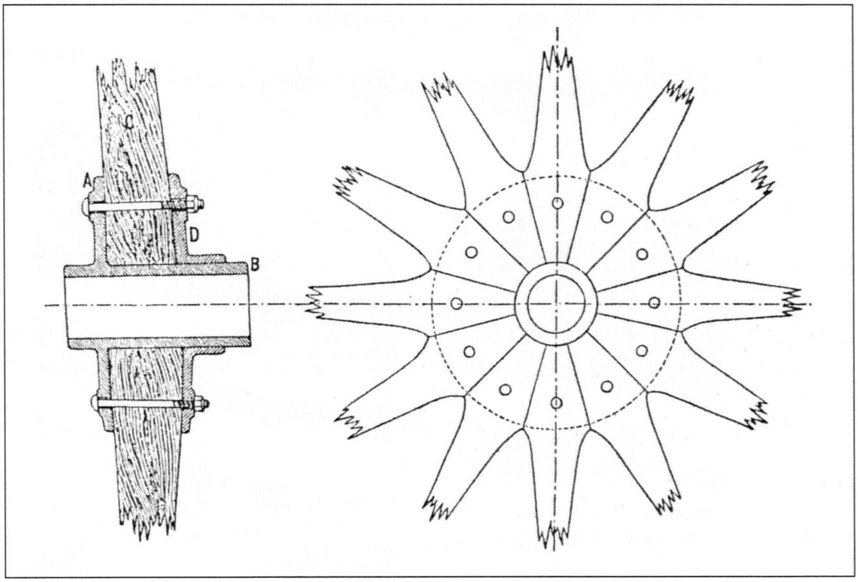

Radnabenkonstruktion des Thonetschen Rades um 1860.

Die Thonets machten sich immer wieder große Hoffnungen, das von ihnen konstruierte Rad entweder selbst in Großserie zu bauen oder Lizenzen zum Bau solcher Räder verkaufen zu können. Aus einigen Briefen von Franz Thonet an seinen Vater und seine Brüder in Österreich wird nicht nur seine Geschäftstüchtigkeit, sondern auch seine Hoffnung, in England Absatzchancen für das Thonetrad finden zu können, deutlich. So schrieb Franz am 12. Mai 1860 aus Shooters Hill bei London:

„Vom Kriegsministerium ist noch nichts zurückgekommen, so daß ich in dieser Angelegenheit Geduld haben muß. Gestern waren wir bei der Omnibus Kompagnie mit dem großen Rade gewesen. Diese Leute haben 800 Omnibus woran die Räder nicht länger als 1 Jahr halten. Der Direktor hat sich sehr für unser System ausgesprochen und will uns die ganzen Räder fertig zu liefern in Kontrakt geben, oder daß wir ihm eine Erlaubniß verkaufen, diese Construktion machen zu dürfen und die Reifen von uns zu beziehen, wenn unsere Räder die Probe aushalten. Zu diesem Zwecke hat er 2 Räder bestellt zu einem Mehlkarren. Diese gehen schnell, sind schwer beladen und haben viel auszuhalten. Achsen, Büchsen, Kappen, alles muß dabei sein, so daß man es nur zusammen schweissen und unter den Karren befestigen kann. [...] Die zwei Musterräder für die Omnibus Kompagnie lackirt mit Schellack wir bekommen 6 Pfund dafür. [...] Wenn die Geschichte richtig angepackt wird, so müssen wir ein unendliches Geschäft machen [...].“

In einem weiteren Brief schrieb Franz wenig später: „Die 2 Räder, die ich in meinem letzten Briefe bestellt habe, sind für einen Postkarren. Dieselben sind sehr leicht gebaut haben aber am meisten auszustehen, weil sie unaufhörlich über dem Pflaster rasseln. Wenn diese 2 Räder Probe halten, ist hier unser Glück gemacht. [...] und macht, daß diese Räder bald her kommen [...]."

Mit Schreiben vom 7. Juli aus London drückte Franz Thonet sein Bedauern aus, dass der Kontakt zum Kriegsministerium, dem er gleichfalls das Thonetrad angetragen hatte, schwierig sei und dass er noch immer auf die Entscheidung des Ministeriums warte. Zudem erinnert er nochmals an die beiden von ihm bestellten Räder.

„In der Rädergeschichte kann ich vorläufig gar nichts machen bis die zwei Proberäder für den Postkarren angekommen sind. Wenn diese probirt sind, und dieselben dauerhaft befunden wurden, so können wir sicher sein, hier ein großartiges Geschäft zu machen, wir können dann schwerlich genug nur für London arbeiten. Eher kann ich auch nicht daran denken, das Patent zu verkaufen, weil die Leute erst die Überzeugung von der Stärke haben wollen. – Schreibt mir, ob nach der neuen Methode ihr die Reifen fortwährend biegen könnt, ohne daß sie splittern, und ob in Wirklichkeit wir uns auch in ein großes Geschäft damit einlassen können [...]."

In den nächsten Tagen muss dann die Entscheidung des Kriegsministeriums bei Franz Thonet eingegangen sein, denn mit Schreiben vom 16. Juli 1860 informiert er die Eltern und Brüder: „Die Antwort vom Arsenale und Kriegsministerium habe ich erhalten. Sie wollen diese Construction adaptieren, uns aber nichts zahlen, weil dieselbe schon in Indien in Gebrauche ist. Ob dieses wahr ist oder nicht hätten wir zu untersuchen. Hier in London sagt uns aber jedermann es ist neu, und die Regierung sucht uns nur auf diese Weise zu umgehen [...]."

Trotz des negativen Bescheids durch das Ministerium gab Franz Thonet die Hoffnung auf einen Erfolg nicht auf und schrieb am 27. August an seine Familie: „Mit Rädern werden wir ein kollossales Geschäft machen, wenn die Proben, die man mir bei der Omnibus Compagnie bestellte und bei der Fiaker-Compagnie gut ausfallen. Die Omnibus Compagnie hat 800, die andere 4000 Fuhrwerke. Auf diese Proben beruht auch, ob wir mit dem Kriegsministerium und dem Generalpostmeisteramt Geschäfte machen werden [...]."

Die zahlreich erhofften Aufträge blieben jedoch aus. Es kam nur zu einzelnen Bestellungen von Rädern, während sich die Auftragslage bei Möbeln zunehmend verbesserte. Selbst die Omnibus-Compagnie hielt sich zurück und erteilte nur einen Auftrag über vier Räder für einen Omnibus. In dem Brief, mit dem Franz Thonet im Februar 1861 den Auftrag an seine Brüder weiterleitete, betonte er, dass die Speichen notwendig aus Eichenholz gefertigt sein müssten. Doch die anfängliche Euphorie über mögliche Verkaufserfolge in England war bereits aus Franz' Ausführungen verschwunden.

Trotz der entmutigenden Rückschläge ließen die Thonets nichts unversucht, ihrer Erfindung doch noch zum Erfolg zu verhelfen: Franz wurde in

Thonetrad im Museum Boppard.

Begleitung von Prinz Louis Napoléon mit seiner Idee bei Kaiser Napoléon III. vorstellig. Diesem fehlte jedoch der Sachverstand und er delegierte die Entscheidung an einen Oberst Favé. Der Oberst verfasste einen sehr günstigen und wohlwollenden Bericht über die Vorteile der Nabenkonstruktion. Schließlich befürwortete auch Napoléon III. die Einführung der Thonetschen Räder für die französische Armee – sobald die Kontrakte über Herstellung und Lieferung mit den bisherigen Vertragspartnern ausgelaufen seien. Offenbar waren dies sehr langfristige Kontrakte, denn zu einer Ausrüstung der französischen Armee durch die Thonets ist es nie gekommen.

Ungeachtet aller Bemühungen hatte die Firma Gebrüder Thonet mit ihren Rädern keinerlei wirtschaftlichen Erfolg verbuchen können. Auch andere Anerkennungen blieben aus. Lediglich der Name und ein knapper Eintrag in zeitgenössischen Lexika waren zu registrieren. Wie praktikabel und sinnvoll die thonetsche Erfindung trotz der Ablehnungen war, beweist die Tatsache, dass die Thoneträder über Jahrzehnte in vielen Ländern (z.B.

Thoneträder im Einsatz während des Ersten Weltkriegs.

Österreich, Schweden, Preußen und England) produziert wurden – wenn auch nicht von der Firma Gebrüder Thonet selbst. Noch im Ersten Weltkrieg wurden die Kanonen des deutschen Heeres mit Thoneträdern versehen, über die der Autor Josef Greber 1935 schrieb: „Während des Weltkrieges wurden sie fast ausschließlich im deutschen Heere verwandt und heute sind sie noch im Gebrauch."

VII. Facetten der Erfolgsgeschichte der Firma Gebrüder Thonet

Während die Thonets das Thonetsche Rad als wirtschaftlichen Misserfolg verbuchen mussten, gelang ihnen auf dem Möbelsektor der lang ersehnte Durchbruch: Das Familienunternehmen entwickelte sich innerhalb weniger Jahre zur Weltfirma. Das mit Abstand erfolgreichste Objekt im Produktionssortiment war der Stuhl Nr. 14 (Thonet versah alle Modelle mit einer (Bestell-)Nummer), der im österreichischen Sprachgebrauch als „Sessel Nr. 14" bekannt ist. Seinerzeit wurde ein Hocker als „Stockerl", ein Armlehnstuhl als „Fauteuil" und eine Sitzbank als „Canapée" bezeichnet.

Trotz der sensationell guten Auftragslage und der steigenden Bestellzahlen wurde in den späten 1850er-Jahren in der thonetschen Fabrik in Koritschan noch immer in der bewährten Technik der Schichtverleimung produziert. Trotz seiner unbestreitbaren Vorzüge hatte dieses Verfahren aber auch ganz spezifische Nachteile. Zum einen gingen nun verstärkt Lieferungen nach Übersee, wobei die Möbel verschiedene Klimazonen durchliefen. Bei hoher Luftfeuchtigkeit gingen sie jedoch teilweise im sprichwörtlichen Sinne „aus dem Leim" und kamen infolgedessen schon beschädigt beim Auftraggeber an. Zum anderen stieß die Technik der Schichtverleimung bei den ständig steigenden Produktionszahlen an ihre Grenzen.

Um die wachsende Nachfrage nach seinen Möbeln befriedigen zu können, entwickelte Michael Thonet eine Technik zur Herstellung massiv gebogener Hölzer, bei der fast völlig auf den Einsatz von Leim verzichtet werden konnte – lediglich die Verbindung des Sitzrings wurde noch verleimt. Damit diese Leimnaht dauerhaft stabil blieb, wurde sie zusätzlich mit Schrauben fixiert. Der Stabilisierungsring (Fußring) zwischen den Stuhlbeinen existiert bei den Stühlen aus den 1850er-Jahren noch nicht; er kam als elementarer Bestandteil zur Stabilisierung der Vorderbeine erst nach 1860 hinzu. Dann wurde auch das Holz des Fußrings durch Leim und eine zusätzliche Schraube zusammengehalten. Bis auf wenige punktuelle Ausnahmen (z.B. die Schäftung des Rückenelements bei Modell Nr. 1) wurde bei der Herstellung von Sitzmöbeln aus massiv gebogenem Holz – außer bei der erwähnten Schließung von Sitz- und Fußring – kein Leim mehr benötigt.

Das Stuhlmodell Nr. 14 mit kreisrundem Sitzrahmen – auch „Konsumstuhl" oder „Dreiguldenstuhl" genannt – war seit 1859 im Verkaufsprogramm der Firma Gebrüder Thonet.

Das Stuhlmodell Nr. 18 wurde ein Exportschlager.

Im Jahr 1859 brachte die Firma Gebrüder Thonet in Koritschan das Stuhlmodell Nr. 14 mit kreisrund gebogenem Sitzring und minimalistisch konstruierter Rückenlehne aus massiv gebogenem Holz auf den Markt. Gewiss hat es Vorversuche zur Modellentwicklung von Nr. 14 in Schichtverleimtechnik gegeben; und einige wenige Objekte dieses Modells in Schichtverleimtechnik sind bekannt. Dennoch ging Nr. 14 in die Geschichte des Möbelbaus ein als der erste in massiv gebogenem Holz ausgeführte Stuhl. Er bestand zunächst aus dem Sitzring, zwei Vorderbeinen und der Rückenlehne mit werkseitig eingeschraubtem innerem Lehnbogen. Bald darauf kam der bereits erwähnte Fußring hinzu. Nr. 14 wurde demontiert ausgeliefert und vom Kunden oder in den Verkaufsfilialen in Selbstmontage zusammengesetzt. Der Stuhl war so konstruiert, dass er mit nur zwei großen Schrauben (zwischen Sitz und Rückenteil) und vier kleinen Schrauben (die den Fußring zwischen den Beinen fixierten) rasch und einfach von jedem Laien montiert werden konnte.

Auf ihren Werbeplakaten der 1860er- und 1870er-Jahre informierte die Firma Gebrüder Thonet mit nachfolgendem Text über die Besonderheit ihrer Produkte und die Versandbedingungen: „In diesen Möbeln wird das Holz in gerader Richtung seinem Wuchse nach geschnitten und nach der verlangten Form in massiven Stücken gebogen, wodurch es möglich ist, Leichtigkeit und grosse Stärke mit Zierlichkeit u. Elastizität zu verbinden. Die einzelnen Theile sind durch Schrauben und ganz ohne Leim mit einander verbunden. Eine Kiste mit 3 Dutzend zerlegten Stühlen misst ca 36 Cubikfuss. Alle diese Möbeln werden aus Buchenholz erzeugt und nach Belieben entweder naturfärbig polirt, oder nussholz-, palisander- und mahagonyartig imitirt."

Anfänglich tat sich das schlichte Modell Nr. 14 schwer, sich gegen die anderen Stuhltypen aus der eigenen Produktion durchzusetzen. In den ersten Jahren wurden „nur" ca. 50 Stück am Tag abgesetzt. Dann jedoch war der Durchbruch geschafft: Das Modell fand in den 1870er-Jahren einen Absatz von bis zu 1.200 Stück am Tag. Neben der Selbstmontage war dafür sicherlich auch der niedrige Preis verantwortlich. Nr. 14 wurde für drei Gulden angeboten und die Firma Gebrüder Thonet konnte diesen Verkaufspreis über rund 30 Jahre lang konstant halten. Daher hat Nr. 14 auch dem Beinamen „Dreiguldenstuhl" erhalten. Zudem ist der Stuhl wegen des außergewöhnlichen Absatzes auch als „Konsumsessel" bekannt.

In den 1870er-Jahren konnte man als zusätzlichen Stabilisator sogenannte Verstärkungswinkel gegen Aufpreis bestellen. Diese Winkel aus Holz wurden zwischen Sitz und Rückenlehne mit je vier Schrauben befestigt und hatten die Aufgabe, die Schraubverbindung zwischen Sitz und Rückenlehne zu entlasten. Auf die minimalistische Ästhetik von Nr. 14 wirkte sich die Montage der Winkel aus gebogenem Holz jedoch nicht unbedingt vorteilhaft aus.

Der Stuhl Nr. 14 blieb der Haupt-Konsumartikel der Firma Thonet, auch wenn ihm durch die Entwicklung weiterer preisgünstiger Modell-

Das Stuhlmodell Nr. 56 – eine preiswerte und stark nachgefragte Stuhltype.

Das Stuhlmodell Nr. 8, ausgestattet mit Kapitellen und trapezförmigem Sitzrahmen, ist die „Luxusvariante“ des Stuhls Nr. 14.

Kinderstuhl in Anlehnung an das Design von Nr. 14.

Kinderfauteuil in Anlehnung an das Design von Nr. 14.

typen (z.B. der Nr. 18 und Nr. 56) Konkurrenz aus dem eigenen Sortiment erwuchs.

Der designtechnisch so ausgereifte Entwurf hat natürlich Vorläufer. Die nächste Verwandtschaft zeigt das Modell Nr. 14 zu einer Kreation aus dem eigenen Hause: Modell Nr. 8. Dieses hat im Unterschied zu Nr. 14 einen trapezförmigen Sitzrahmen und die Vorderbeine enden nach oben hin in kleinen Kapitellen. Entsprechend der aufwändigeren Produktion war Nr. 8 ein wenig teurer.

Neben dem etablierten Produktionsstandort Koritschan wurde Nr. 14 auch sofort nach Inbetriebnahme des neuen Werks in Bistritz 1861 gefertigt. Auf der Weltausstellung 1862, die erneut in London stattfand (nun allerdings nicht mehr im „Kristallpalast", sondern im Industriepalast in South Kensington), zeigte die Firma Gebrüder Thonet u.a. auch das Stuhlmodell Nr. 14 – noch ohne Fußring.

Der amtliche Bericht zur Weltausstellung 1862 findet explizit Lob für die Innovation der Firma Thonet: „Gebrüder Thonet zu Koritschan und Bistritz in Mähren, deren rühmlich bekannte Fabrik seit einer längeren Reihe von Jahren Sitzmöbel aus mit Dampf gebogenem Holze liefert, haben ihren Industriezweig wieder bestens repräsentirt und wesentliche Fortschritte darin nachgewiesen. Während früher die Biegungen aus mehreren Theilen gebogen und die Büge zusammengeleimt waren, wird jetzt seit zwei Jahren jede beliebige Kontur aus ganzem Holze gebogen, wodurch die Festigkeit und Dauerhaftigkeit wesentlich gewinnt. Auch ist rühmend zu erwähnen, daß die Fabrik ihr Material nur dazu verwendet, wozu es geeignet ist; 1855 schien man dieser Verwendung eine Ausdehnung geben

Abbildung des „Rohrstuhldampfbades" mit thonetschen Stühlen.

zu wollen, wofür kein Bedürfnis vorliegt (z.B. zu Parqueteinlagen). Die einfache Befestigung der Möbeltheile mit Schrauben ist äußerst solid und es zeichnen sich die Thonet'schen Sessel und Stühle durch Eleganz der Form, Leichtigkeit und Festigkeit bei mäßigen Preisen auf das Vortheilhafteste aus. Daß sie als vortrefflich befunden werden, beweist ihr beträchtlicher Absatz; die Aussteller beschäftigen in ihren zwei Fabriken zu Koritschan und Bistritz über 800 Arbeiter, welche jährlich gegen 70.000 Stühle fertigen, wovon etwa 25.000 in Oesterreich bleiben, während die übrigen in verschiedene Länder, zum Theil sehr weit ausgeführt werden. Thonet hat seine Holzbiegung vermittelst heißen Dampfes auch auf die Fabrication dauerhafter Wagenräder angewendet, wovon Proben vorlagen, die jedoch der Beurtheilung einer anderen Klassenjury unterstellt waren."

Wie bei vielen anderen Standardtypen entwickelten die Thonets auch nach dem Design von Nr. 14 in den nächsten Jahren weitere Modelltypen. So entstanden passend zum Stuhl Nr. 14 u.a. ein Fauteuil, ein Kinderstuhl, ein Kinder-Fauteuil und ein hochbeiniger Ladensessel (solche Möbel wurden auch in Spielbanken für die Croupiers eingesetzt).

Ab 1869 entstanden die ersten Konkurrenzfirmen (z.B. die Firma J. & J. Kohn), welche auch unmittelbar die erfolgreiche Modelltype Nr. 14 von Thonet in ihr Fertigungsprogramm aufnahmen und sie gleichfalls als „Modell Nr. 14" verkauften. In den nachfolgenden Jahren entstanden über 100 Bugholzfirmen und es ist anzunehmen, dass sie allesamt das Stuhlmodell Nr. 14 in ihrem Verkaufsprogramm hatten.

Bei seinem Siegszug rund um die Welt hielt Nr. 14 dann auch Einzug in Boppard. So wurde beispielsweise die Aula des 1905/06 neu erbauten Gymna-

Der Speisesaal des Ursulinenpensionats in Boppard war ausgestattet mit Thonets Modell Nr. 14. Ansichtskarte, gelaufen im Jahre 1906.

siums in der Mainzerstraße mit 150 Stück Thonet Nr. 14 ausgestattet. Auch der Speisesaal des Ursulinenpensionats wurde mit dieser Stuhltype möbliert.

Einen belustigenden Gebrauch fanden Bugholzmöbel – insbesondere Nr. 14 – bei Schwitzkuren. Diese wurden wegen ihrer Ausstattung auch als „Rohrstuhldampfbad" benannt. Hierbei lag der Kranke auf mehreren nebeneinander gestellten Stühlen. Unter diesen standen Eimer, in die in feuchte Tücher gehüllte heiße Plättsteine gefüllt wurden. Der aus den Eimern aufsteigende Dampf sorgte sodann für einen Saunaeffekt.

Thonet-Massenproduktion – Ein Zeitzeugenbericht

Neben den Selbstzeugnissen der Firma Gebrüder Thonet existiert eine Publikation, die Wilhelm Franz Exner 1876 unter dem Titel „Das Biegen des Holzes, ein für Möbelfabrikanten, Wagen- und Schiffbauer, Böttcher etc. wichtiges Verfahren. Mit besonderer Rücksichtnahme auf die Thonetsche Industrie" als Kompendium verfasste und die bereits 1880 in einer zweiten Auflage gedruckt wurde. Diese wichtige Informationsquelle über die noch junge Art der Möbelproduktion erschien 1893 erneut in einer aktualisierten und erweiterten Auflage. Der Autor, Direktor des Technischen Gewerbemuseums in Wien, gibt darin einen absolut authentischen Eindruck von den Produktionsverhältnissen in den thonetschen Werken:

„In Koritschen hingegen absorbierte die Fabrik bald alle arbeitsfähige Bevölkerung. Der Bauer lenkt sein Gespann in den Wald, um Holz zu holen, das Weib und die Kinder hatten Raspeln, Beizen, Polieren sowie Rohrflechten gelernt. Ursprünglich war alle Arbeit auf die Fabrik konzentriert, später wurde der Fabriksarbeiterin, wenn sie heiratete, die von ihr bisher in der Fabrik gemachte Arbeit in ihrem Hause zu vollbringen gestattet. Die Kinder schleppen aus der Fabrik dem Hause die Materialien zu und liefern die ausgeführten Stücke ab. So entwickelte sich aus der Fabriks- eine Hausindustrie. Die Grenzen der Fabrik erweiterten sich und umschlossen bald auch die umliegenden Dörfer. Die heimische Bevölkerung genügte nicht mehr. Arbeiter mussten aus der Ferne herangezogen und in neuerbauten Kottages untergebracht und angesiedelt werden. Die Koritschaner Möbelfabrik war die Veranlassung der Entstehung einer Fabrik zur Herstellung von Flechtrohr, welche die Stuhlrohre zu spalten und die Abfälle zu verwerten hat. Schlosser und andere Professionisten kamen herbei und fanden lohnenden Erwerb. Eine Fabriksschule wurde eröffnet. Ueberall entwickelte sich Wohlstand und Stabilität in den Erwerbsverhältnissen. Eine glücklichere Kombination von Haus- und Fabriksindustrie kann kaum gedacht werden.

Die Koritschaner Fabrik mit ihren Filialen konnte dem Begehr an Möbeln aus gebogenem Holze nicht mehr genügen. 1860 wurde eine

Die Thonet-Fabrik in Koritschan (Westseite) um 1885, gezeichnet von F. Kopallik.

Fabrik in Bistritz am Hostein in Mähren, 1865 eine solche in Groß-Ugrócz in Ober-Ungarn, 1867 eine weitere in Hallenkau in Mähren und 1871 ein viertes Etablissement in Wsetin in Mähren errichtet, 1880 wurde von der genannten Firma die erste ausländische Fabrik in Radomsk (Russisch-Polen) und schliesslich 1889 eine solche in Frankenberg (Hessen) gegründet. Derselbe Entwicklungsgang wie in Koritschan spielte sich allenthalben ab, – mit mehr oder weniger Schwierigkeiten. In Ugrócz waren die größten Anstrengungen notwendig, um die damals wenig arbeitsame und wenig talentierte Bevölkerung heranzuziehen und zu erziehen. Dort war die Fabrikschule mehr als irgendwo ein Pionier der Zivilisation und des Wohlstandes.

Die Firma Thonet beschäftigt gegenwärtig *(Ende 1892; Anm. d. Verf.)* in ihren sieben Hauptfabriken und den dazu gehörigen 20 Fabriksfilialen und Sägewerken über 6000 Arbeiter (darunter ist die grössere Hälfte weiblichen Geschlechts), welche mit Hilfe der Elementarkraft von 20 Dampfmaschinen mit zusammen 1100 Pferdestärken eine Gesamtproduktiuon von täglich gegen 3500 Möbelstücke bewerkstelligen.

Die Arbeiter werden fast ausschliesslich im Akkord bezahlt. Der Verdienst beträgt bei den weiblichen 2 bis 6 Gulden, bei den männlichen Arbeitern 4 bis 12 Gulden pro Woche. Die Wochenlöhne belaufen sich auf 30.000 Gulden (= 50.000 Mark).

Die Firma Thonet setzt durch ihre Zentrale in Wien und ihre eigenen Hauptniederlagen in Brünn, Prag, Graz und Budapest, in Berlin, Hamburg,

Die Thonet-Fabrik in Bistritz am Hostein (Nordseite) um 1885, gezeichnet von F. Kopallik.

Die Thonet-Fabrik in Groß-Ugrócz um 1885, gezeichnet von F. Kopallik.

München und Frankfurt a/M., in Amsterdam, Brüssel, in Paris und Marseille, in Mailand, Rom und Neapel, in Barcelona, in Petersburg, Moskau und Odessa, in New-York, sowie durch ihre Agenten und Kunden die Produkte ihrer Fabriken in der ganzen Welt ab. Auf Oesterreich-Ungarn entfallen circa 15 Prozent ihres gesamten Umsatzes. Im Ausland sind Deutschland, Frankreich und Russland, dann Süd-Amerika (besonders Brasilien) die Hauptkonsumenten. [...] Seit Gründung der Fabriksfirma Gebrüder Thonet im Jahre 1850 wurden bis Ende 1891 im ganzen 17.799.416 Möbelstücke, davon 14.584.487 Stühle abgesetzt.

Da schon ein gewöhnlicher Stuhl circa 35 cbdm (= 1/30 cbm) reines Buchenklotzholz konsumiert, so verbraucht eine Anzahl von einer Million Möbelstücke – die Jahresproduktion der Thonetschen Fabriken – über 40.000 cbm reines Buchenklotzholz. Mit anderen Worten: Die Thonetsche Fabrikation konsumiert ein bisher fast ausschliesslich nur als Brennstoff verwendetes Waldprodukt in Quantitäten, die jährlich den Abtrieb von 500 ha für den Bedarf der Firma Thonet allein voraussetzt. Thatsächlich werden grosse Quantitäten von Rohstoff im Wege des Plänters, d.h. des Aushiebes einzelner, geeigneter Stämme gewonnen; namentlich an jenen Orten, wo wenig Absatz für Brennholz ist.

[...] nebst dem grossen Konsum an Rohstoff werden in den Thonetschen

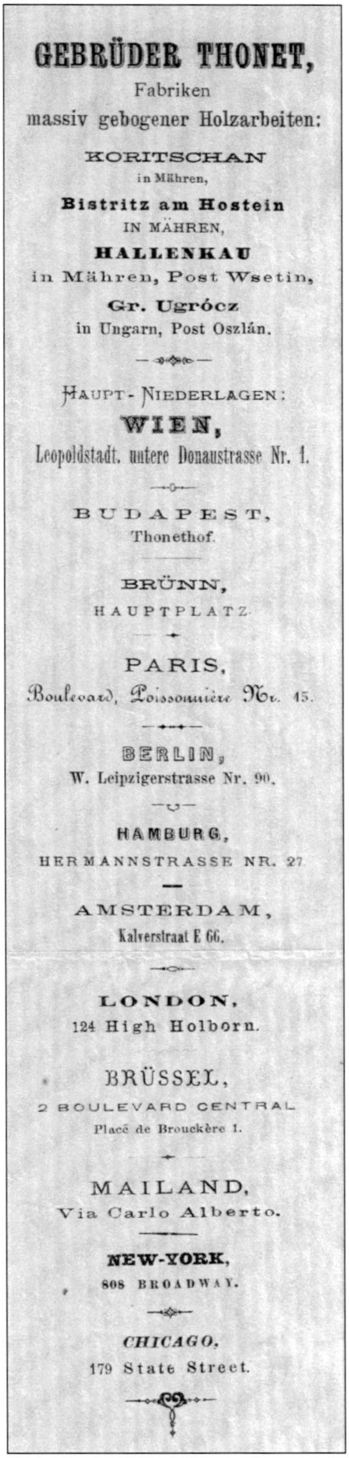

GEBRÜDER THONET,
Fabriken
massiv gebogener Holzarbeiten:

KORITSCHAN
in Mähren,
Bistritz am Hostein
IN MÄHREN,
HALLENKAU
in Mähren, Post Wsetin,
Gr. Ugrócz
in Ungarn, Post Oszlán.

Haupt-Niederlagen:
WIEN,
Leopoldstadt, untere Donaustrasse Nr. 1.

BUDAPEST,
Thonethof.

BRÜNN,
HAUPTPLATZ.

PARIS,
Boulevard, Poissonnière Nr. 15.

BERLIN,
W. Leipzigerstrasse Nr. 90.

HAMBURG,
HERMANNSTRASSE NR. 27.

AMSTERDAM,
Kalverstraat E 66.

LONDON,
124 High Holborn.

BRÜSSEL,
2 BOULEVARD CENTRAL
Place de Brouckère 1.

MAILAND,
Via Carlo Alberto.

NEW-YORK,
808 BROADWAY.

CHICAGO,
179 State Street.

Geschäftspapier der Firma Gebrüder Thonet mit den Firmenstandorten und den Verkaufsniederlagen (Ausschnitt aus einem Brief vom Mai 1877).

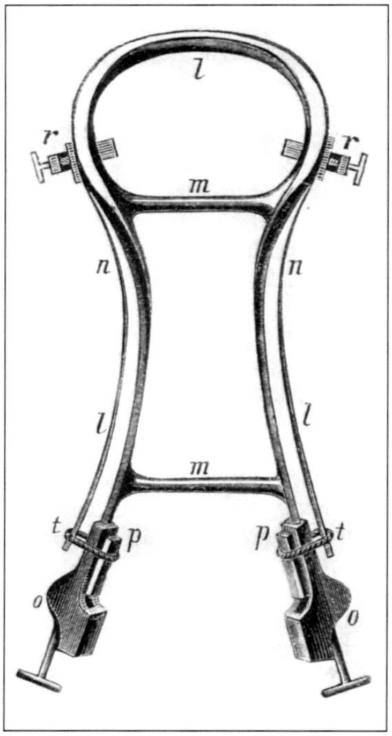

Zeichnung einer Biegeform aus Gusseisen zur Herstellung einer Rückenlehne.

Fabriken Nebenmaterialien in jährlichen Mengen verbraucht, welche die Ausdehnung dieses Indutriezweiges erkennen lassen. So werden pro Jahr über 25 Millionen diverse Verbindungsschrauben bei den erzeugten Möbelstücken verwendet und zum Einflechten der Sitz- und Rückenlehnen über 80.000 kg Flechtrohr benutzt. Zum Polieren der Möbelstücke konsumiert die Firma pro Jahr mehr als 1.200 hl Spiritus und zur Verpackung der Möbelstücke werden teils circa 8.000 Meterzentner Packstroh und andererseits 2.500 cbm Kistenbretter pro Jahr gebraucht.“ (Exner, S. 26ff.)

Obschon Michael Thonet nicht der Erfinder der Bugholztechnik ist, kann er dennoch mit Fug und Recht als „Erfinder“ bezeichnet werden. Denn da ihm Mitte des 19. Jahrhunderts keinerlei Maschinen zum professionellen Biegen von Holz zur Verfügung standen, musste er diese Holzbiegemaschinen allesamt erst einmal entwerfen und entwickeln. So benennt Brockhaus' „Konversations-Lexikon“ von 1894 explizit Thonets Verdienst auf diesem Gebiet: „Holzbiegemaschinen, Maschinen, zum Biegen des Holzes, derart, daß es dauernd die gebogene Form beibehält. Junges und saftreiches Holz läßt sich ohne Schwierigkeit biegen und behält die ihm dabei erteilte Gestalt, wenn es im gebogenen Zustande getrocknet wird. Bereits getrocknetes Holz wird für den Zweck des Biegens zuerst der Einwirkung von heißem Wasser oder Wasserdampf ausgesetzt und dann um Formen gebogen und getrocknet. Die zum Biegen um Formen geeigneten

Holzbiegemaschinen bestehen im wesentlichen aus einem kräftigen Gestell, auf welchem die Form befestigt ist, während, etwas von ihrer äußeren Kante entfernt, zwei Schienen mit einem ihrer Enden drehbar gelagert sind. Um ihre anderen Enden sind Seile oder Ketten geschlungen, die durch eine Windevorrichtung angezogen werden und dadurch die Schienen der Form nähern können. Das zu biegende Holz wird zwischen der Form und den Schienen eingespannt und hierauf durch Drehen der Windevorrichtung um die erstere gelegt. [...]

Der Gedanke, daß Holz durch Biegen in zu gewissen Zwecken verwendbare Formen überzuführen, wurde von dem Rheinpreußen Michael Thonet für die Herstellung von Möbeln verwertet, und das Verfahren ist so weit ausgebildet worden, daß es heute das Arbeitsprincip einer großen Industrie ist. Die Söhne Mich. Thonets unterhalten Fabriken in Österreich und eine in Deutschland und Rußland und erzeugen jährlich mehr als eine halbe Million Möbelstücke aus gebogenem Rotbuchenholz. Thonet hat auch die Erzeugung von Radfelgen aus gebogenem Holze wieder aufgenommen. Selbst Räder für Kanonenlafetten und sonstige dem Kriegsdienste zugehörige Fuhrwerke erhalten heute Radfelgen aus gebogenem Holze. Bei Luxusfuhrwerken sind die gebogenen Radfelgen aus Hickoryholz sehr verbreitet [...]."

Die Beschreibung der „Holzbiegemaschine" bleibt bei Brockhaus jedoch sehr abstrakt und es ist kaum vorstellbar, dass ein Leser des Lexikons nach jener Erläuterung eine Vorstellung davon hat entwickeln können. Zudem war die beschriebene „Maschine" eher eine Vorrichtung denn eine Maschine nach heutigem Verständnis.

Dennoch darf nicht unerwähnt bleiben, dass die Thonets gerade auf dem Sektor der Maschinenentwicklung enorme Leistungen zu verzeichnen haben. Louis Edgar Andés beispielsweise würdigte in seinem 1903 erschienenen Buch mit dem Titel „Die Holzbiegerei" diesen Aspekt der Pionierarbeit: „Dabei ist bemerkenswert, daß die Firma Thonet bei ihren ersten Arbeiten keinerlei Vorbilder zur Seite standen, daß die Biegevorrichtungen von Thonet und seinen Söhnen selbst konstruiert wurden und lange Zeit Geheimnis bleiben konnten. Heute freilich sind diese Vorrichtungen mehr oder weniger bekannt und auch vielseitig verbessert worden." Zu benennen wären hier u.a. die von Thonet entwickelte Schablonen-Kopier-Drehbank sowie eine Fußreifenbiegemaschine.

Jacob Henrich

Der bereits mehrfach erwähnte Jungendfreund von Michael Thonet jun., Jacob Henrich, reiste 1873 erneut zu den Thonets nach Wien. Diesmal in Begleitung seiner 18-jährigen Tochter Theresia (genannt „Teresgen" = The-

Porträtfoto von Jacob Henrich, aufgenommen im Bopparder Atelier Hugo Sonntag.

reschen), die bei den Thonets eine Anstellung (wohl im privaten Haushalt) erhielt. Henrich traf sich im September 1873 mit Michael Thonet jun. in Wien, von wo aus die Freunde mit Bahn und Kutsche in einer achtstündigen Fahrt nach Koritschan fuhren. In einem Brief vom 9. September 1873 an seine Familie in Boppard schwärmt Henrich von den Zuständen in Koritschan: „Von der Größe und Einrichtung hiesiger Fabrik könnt ihr euch keinen Begriff machen, es arbeiten über 1.000 Menschen hier, und wird alles mit Dampf betrieben, ich bekomme alles gezeigt mit der größten Zuvorkommenheit, man hat kein Geheimniß vor mir. Michel besitzt über 60 Pferde zum eigenen Bedarf ein wundervolles Reitpferd 3 Volen *(Fohlen; Anm. d. Verf.)* schöne Wagen zum Ausfahren, wir fuhren gestern und vorgestern aus. Sie *(die Thonets; Anm. d. Verf.)* stehen in einer solchen Hochachtung in der ganzen Bevölkerung der Umgegend davon könnt ihr euch keinen Begriff machen. Auch ist hier auf der Fabrik eine eigene uniformierte Feuerwehr mit allen sämtlichen Einrichtungen [...].

Für mich ist es von großem Wert hierher gekommen zu sein denn ich sehe vieles was von großem Nutzen für mich und unser Geschäft ist. Ich bin selten alleine, Michel ist meistens bei mir, das ganze Land wo die Fabrik drauf steht mit Hofraum u. Garten, dazu kommen noch 10 Häuser jedes für 2 Familien ein eigen Wirthshaus für die Fabrik zu jedem Hause auch Hofraum, macht zusammen ein Flächeninhalt von über 12 Morgen. Der Garten ist wundervoll eingerichtet ein Treibhaus, Glaßhaus mit Kegelbahn [...] ein eigenes Badehaus mit großem Baseng *(Bassin, Anm. d. Verf.)* daß Wasser kann erwärmt

Jacob Henrich,

Schreinermeister in **Boppard**

empfiehlt sich in allen in dieses Fach einschlagenden Arbeiten, als im Anfertigen aller Arten Möbeln von Mahagoni-, Nussbaum-, Kirschbaum-, Eichen- und Tannenholz etc. mit Einlegung aller feinen Holzarten sowie in allen Schreiner-Bauarbeiten; ferner empfehle ich mein Lager von allen Arten **fertiger Möbeln** und verspreche unter reeller und billiger Bedienung die dauerhafteste Arbeit.

Druck von C. Forger in St. Goar.

Visitenkarte von Jacob Henrich.

werden kurz und gut ich kann Euch nicht alles beschreiben, werde Euch aber lange Zeit zu erzählen haben […].“

Zu dieser Zeit betrieb Jacob Henrich bereits eine eigene Werkstatt in der Bopparder Steingasse 18 und hatte ein Verkaufsgeschäft eingerichtet, wo er auch Thonet-Möbel anbot. Seiner genauen Buchführung verdanken wir eine minutiöse Auflistung aller thonetschen Möbel, die er über dieses Geschäft in Boppard verkaufte. Henrichs Marketingkonzept war ganz primär auf den Verkauf von Thonet-Möbeln ausgerichtet: Seine Geschäftspapiere und Werbeinserate beinhalten nahezu ausnahmslos den Hinweis auf die Produkte der Firma Gebrüder Thonet.

Aus den Geschäftsunterlagen ist zu entnehmen, dass Jacob Henrich 1852 oder 1853 eine eigene Schreinerwerkstatt eröffnete. Daneben liegt ein Geschäftsbuch vor, in welchem alle von der Firma Gebrüder Thonet georderten Möbel aufgelistet sind. Die erste Eintragung ist datiert auf den 11. September 1869; die Kladde endet mit Eintrag vom 10. März 1885. Zunächst wurden die Möbel aus Wien bzw. direkt ab den Herstellungsstandorten geliefert, später wurden sie über die Niederlassung in Berlin und ab 1879 primär ab Frankfurt bestellt.

Der Verkauf über Henrichs Geschäft in Boppard war recht schwunghaft. Mehrfach wurden sogar größere Positionen, insbesondere des Stuhlmodells Nr. 14, geordert. Ab 1873 schien aber auch Modell Nr. 20 sehr beliebt gewesen zu sein, und ab 1877 verkaufte sich bei Henrich das Modell Nr. 18 recht gut. Der größte einheitliche Posten in diesem Geschäftsbuch ist

Das Inserat von 1877 zeigt den Schaukelstuhl Nr. 1 sowie den Stuhl Nr. 18 und wirbt: „Massivgebogene Möbel von Gebrüder Thonet in Wien empfiehlt zu Fabrikpreisen Jacob Henrich."

WIEN 1873 als Jury-Mitglieder ausser Preisbewerbung.

Kais. Kön. ausschl. priv. und landesbef.

PHILADELPHIA 1876 als Jury-Mitglieder ausser Preisbewerbung.

Fabriken massiv gebogener Holz-Arbeiten von

GEBRÜDER THONET

Paris 1878, 2 Goldene Medaillen Gruppe III u. V

IN WIEN

Grosse Goldene Medaille Moskau 1872.

in Koritschan, Bistritz am Hostein, Hallenkau u. Wsetin in Mähren, Gr. Ugrócz in Ungarn.

Fabriks Haupt-Niederlagen: FRANKFURT a/M. Neue Mainzerstrasse No. 11.

BUDA-PEST, PRAG, BRÜNN, GRAZ, BERLIN, MÜNCHEN, DRESDEN, HAMBURG, AMSTERDAM, LONDON, PARIS, BRÜSSEL, ROM, NEAPEL, MAILAND, BUKAREST, ODESSA, NEW-YORK.

Herrn Jacob Henrich Boppard Soll

für auf Ihre werthe Rechnung & Gefahr am 25ten d. pr. Bahn aufgegebene

Zahlbar in Frankfurt a. M.

Marke	Brutto Gewicht	Netto Gewicht	Stück Zahl	Frankfurt a. M. den 25 Maerz 1884.	Preis	Betrag	
Boppard			6	Stühle No. 32	à 18.– M.	108	–
399/			2	Kinderspeisesessel No. 3	à 14.–	28	–
(5 Coll					M.	136	–
				./. 20 % Rabatt		27	20
					M.	108	80

Rechnung der Firma Gebrüder Thonet für gelieferte Möbel an Jacob Henrich: sechs Stühle Nr. 32 und zwei Kinderspeisesessel Nr. 3. Die Rechnung ist datiert auf den 25. März 1884 und rückseitig mit „Andreae" unterschrieben.

eine Lieferung von 100 Stühlen Modell Nr. 18 mit Holzsitz in „licht" (natur hell) vom Oktober 1884. Aber auch ausgefallenere Möbel scheinen in Boppard Abnehmer gefunden zu haben: In dem gesamten Zeitraum, über den das Geschäftsbuch Auskunft gibt, trafen auch diverse Kaminfauteuils, Puppengarnituren, Damenstocksessel, ein Schlafsofa und ein Schaukelsofa ein. Der auf dem Titelbild dieses Buches abgebildete Fauteuil Nr. 19 ½ hingegen scheint kein Verkaufsschlager gewesen zu sein – Henrich verzeichnete das Modell in seinem Geschäftsbuch lediglich zweimal als Wareneingang. Nussbaumfarbene Möbel lagen in der Beliebtheitsskala der Bopparder Käufer offensichtlich weit vorn, gefolgt von Möbeln in Mahagoniimitat und schwarzen Möbeln. Nur selten wurden naturfarbene Möbel bestellt, und eine Ausführung in Palisanderimitation schien nur bei Puppenmöbeln nachgefragt worden zu sein.

Durch den außerordentlich freundschaftlichen privaten Umgang zwischen den Thonets und Jacob Henrich schien auch das geschäftliche Verhältnis in positiver Weise beeinflusst worden zu sein. Geradezu liebevoll liest sich eine offizielle Rechnung der Fabrik-Hauptniederlage in Frankfurt am Main an Jacob Henrich vom 25. März 1884. Henrich hatte in Frankfurt sechs Stühle Nr. 32 nussbaumbraun und zwei Kinderspeisesessel Nr. 3, ebenfalls in nussbaumbraun, geordert, worauf ihm 20 Prozent Rabatt (gelegentlich gab es auch 25 Prozent) gewährt wurden: „Herrn Jacob Henrich, Boppard. Frankfurt a/M. den 25. Maerz 1884. Wir beehren uns, Sie von der Ausführung Ihrer werthen Bestellung vom 22. zu unterrichten, und sind so frei darüber Factura zu ertheilen deren Betrag von hundertacht Mark auch 80 Pf Sie uns gefl. gutschreiben wollen. Da wir Kinderspeisesessel nicht auf Lager haben, so wandten wir uns an unser Berliner Haus um Aushilfe. Auch fügten wir der Fracht Ersparniß halber die 6 Stück Stühle Nr. 32 nussb. bei und hoffen in Ihrem werthen Sinne gehandelt zu haben. Wir begrüßen Sie Hochachtungsvoll – Gebrüder Thonet.

P.S. auch fügten wir noch ein Drehstockerl 70cm nussb. hinzu und bitten Sie freundlichst dasselbe einmal bei Ihren w*(erten)* Kunden zu probieren, sollte es jedoch nicht paßen, so bitten wir dasselbe gefl. zu retouren. Wiederholt Hochachtungsvoll".

Die Rechnung trägt die Unterschrift eines Mitarbeiters der Frankfurter Niederlage in der Neuen Mainzerstraße 11.

Nicht immer liefen die Geschäftsabwicklungen jedoch reibungslos. So gab Jacob Henrich seinem Unmut über diverse Schlampereien in der Lieferlogistik deutlich Ausdruck: „Boppard, den 18. April 1872. Herrn Gebrüder Thonet in Berlin! Einliegend returniere ich Ihnen eine irrthümlich an mich gesante Rechnung welche nach Posen bestimmt ist. Und da ich auf mein Schreiben vom 11. d. M. worin ich Ihnen Einhundert Thr. *(Taler, Anm. d. Verf.)* einschickte nebst Auftrag, sowie über die Bestellung vom 20/3

Der Kinderspeisesessel Nr. 3 von Thonet.

(20. März; Anm. d. Verf.) noch keine Antwort habe ersuche ich nochmals dringend die Absendung so rasch als möglich beschleunigen zu wollen, denn die 12 Stk. feststehende Fauteuil präsiren *(pressieren; Anm. d. Verf.)* sehr [...].“

Lohn der Anstrengungen

Ein extrem lobendes Resümee der Verdienste Michael Thonets und seiner Söhne druckte das dreimal monatlich erscheinende „Illustrirte Oesterreichische Journal“ in seiner Ausgabe vom 1. März 1887 (XIII. Jahrgang), auf deren Titelseite die Porträts der fünf Söhne kreisförmig angeordnet sind. Der Textbeitrag wird nachfolgend wörtlich wiedergegeben:

„Der Kampf, den die österreichische Industrie vor Jahren noch gegen eine übermächtige Concurenz, sowie gegen eine Reihe anderer zumeist wirthschaftlicher Factoren zu führen hatte, war ein überaus mühevoller, schwieriger, und unter den denkbar ungünstigsten Verhältnissen, deren Erörterung jetzt gänzlich überflüssig ist, gelang es allmälig der so hart bedrängten Industrie zur Geltung zu kommen. Unaufhaltsam bahnte sie sich dann ihren weiteren Weg und schließlich schritt sie auf diesem von Erfolg zu Erfolg fort, bis sie nach siegreichem Ringen jenes Ziel erreichte, auf dem sie nunmehr stolz und gebietend dasteht, Tausende und aber Tausende nöthigt, dankerfüllt zu ihr aufzuschauen, so daß die Neider verstummen und sich knirschend beugen [...] vor den Zeugen des glänzendsten Erfolges und des blühenden Aufschwungs. Wie von selbst ergibt sich nun die Frage, welche Umstände es waren, die auf die österreichische Industrie binnen einem verhältnismäßig so kurzen Zeitraume einen solch' heilsamen Einfluß nahmen, und wem weiters all' die ungeahnten großen Erfolge, die staunenswerthen Resultate zu verdanken seien. Die Beantwortung dieser Frage ist eine einfache, natürliche, sie ergibt sich durch die Thatsachen selbst.

Es war eine nie rastende Schaffenskraft, eine vor keiner Schwierigkeit zurückschreckende Energie, ein immer nach vorwärts strebender Ehrgeiz, und eine richtige Erkenntniß der Verhältnisse, verbunden mit dem praktischen kaufmännischen Blick, der im Vorhinein jeden Vortheil geschickt zu berechnen und zu fassen weiß, alles Eigenschaften, über die einzelne, kaufmännisch geschulte, hochbegabte Männer verfügen mußten, wollten sie an die Lösung der schwierigen Aufgabe, die sie sich zum größten Theil selbstlos gestellt, gehen. Diese Männer haben sich auch gefunden und das „Illustrirte Österreichische Journal" war in der letzten Zeit öfters in der Lage, ihre Verdienste zu würdigen und ihrer nach Gebühr ehrend zu gedenken. Ein großer Theil jener Männer, deren Andenken die vaterländische Industrie dankerfüllt ein goldenes Blatt widmet, wurde von unserem Journale in Wort und Bild gefeiert, und darunter waren es vornehmlich die Wiener Industriellen, von denen in unserer Galerie nur Wenige fehlen werden. Diesmal hoffen wir, uns unsere Leser besonders zu verpflichten, wenn wir die Titelseite mit einem Bilde schmücken, daß unserer Galerie schon lange einverleibt zu werden verdiente, ein Bild, auf das wir mit Stolz hinweisen, weil es die Portraits der Inhaber einer Firma trägt, die der österreichischen Industrie zur Zierde gereichen.

„Gebrüder Thonet" sind Großindustrielle ersten Ranges, der Name ihres Hauses genießt auf dem ganzen Continente einen guten, hellen Klang und selten darf wohl eine Weltfirma wie diese auch hierauf vollen berechtigten Anspruch erheben. Mit dem Aufblühen des Hauses Thonet ist die Geschichte der österreichischen Industrie eng verknüpft, nachdem einer ihrer wichtigsten Zweige, die Möbel-Industrie, durch die genannte Firma höchst ehrenvoll repräsentirt wird.

Im Nachfolgenden mögen einige Daten als Illustration über die Art und Weise, in welcher der großartige Betrieb geleitet wird, dienen: Im Jahre 1850 gründete Michael Thonet, der Erfinder „der Möbel aus gebogenem Holze" im Vereine mit seinen Söhnen die erste Fabrik in Gumpendorf, die einen rapiden Aufschwung nahm und ungefähr 200 Arbeiter beschäftigte. – Als diese Fabrik den sich stets steigenden Anforderungen nicht mehr genügte, wurde eine zweite größere in Koritschan errichtet, deren Productionsfähigkeit bald den Thonet'schen Erzeugnissen in verhältnismäßig kurzer Zeit alle fünf Welttheile als Absatzgebiet eroberte; das

Unternehmen gedieh derart, daß die Gründung neuer Fabriken in Angriff genommen werden mußte und so entstanden allmälig Etablissements in Bistritz am H., Wsetin, Hallenkau, Groß-Ugrócz in Ungarn und Radomsk in Rußland. Dieselben beschäftigen heute ungefähr 7000 Personen, welche mit Hilfe der Fabriks-Filialen und der seither in die Räthe derselben etablirten Hausindustrie ca. 1 Million Möbelstücke jährlich erzeugen. Eigene Verkaufshäuser der Firma in Paris, London, Hamburg, Berlin, Frankfurt, München, Amsterdam, Brüssel, Mailand, Rom, Neapel, St. Petersburg, Moskau, Odessa, New-York, Budapest, Prag, Brünn, Graz, Wien u.s.w. dienen dazu, den in colossaler Menge erzeugten Thonet'schen Möbeln den erforderlichen Absatz zu sichern.

Nur so allerdings kann man es begreifen, daß die Thonet'schen Producte eine so außerordentlich rasche Popularität erworben haben, denn so wie bei uns den „Thonet-Stuhl" Jedermann kennt, so fehlen in Paris „les Meubles Thonet" in keiner Haushaltung, so sind in Italien die „sedia Thonet", in England die „Thonet furniture" und in Spanien die „mueble Thonet" allgemein beliebt und gut eingeführt.

Und nun gedenken wir Jener, die durch Genialität und hohe Intelligenz, durch den zur Leitung eines so großartigen Betriebes nöthigen kaufmännischen Geist, die Thonet'sche Industrie von bescheidenen Anfängen zu solch' hoher Stufe gebracht, es sind dies die Träger der Firma, die wir heute im Bilde bringen, und die ihrem Namen so hohe Ehre verschafft. Die durch einen Gesellschaftsvertrag zu einheitlichem Wirken verbundenen Brüder sind alle im Geschäfte thätig, jeder einzelne von ihnen hat sein Ressort zugewiesen, und jeder einzelne von ihnen beweist auch durch die That, daß er sich zu einem würdigen Nachfolger seines in vieler Beziehung reich begabten Vaters herangebildet.

Der älteste der Brüder, Franz, war jahrelang in England, Frankreich und Nordamerika thätig, und verwendet die im reichlichsten Maße erworbenen Kenntnisse zum Nutzen der Firma in der praktischesten Weise. Michael junior hat die Aufsicht über das älteste und bedeutsamste Etablissement in Koritschan und verwaltet seine verantwortungsvolle Stelle mit der richtigen Umsicht und Geschäftskenntniß. Der dritte Bruder, Josef, ist der Chef des Wiener Centralbureaus, welchen Posten er vermöge seiner gediegenen handelswissenschaftlichen Kenntnisse voll ausfüllt. August repräsentirt den rastlos mit dem Entwurfe und der Ausführung von Projecten beschäftigten Vater, dessen technisches Genie er auch geerbt hat. Er ist den Arbeitern ein leuchtendes Vorbild, die Werkstätte ist ihm sein zweites Heim und immerwährend sinnt er an neuen Modellen, schafft er neue Maschinen, auf diese Weise immer seine Arbeiter zu besseren Leistungen anspannend. Der jüngste der Brüder, Jacob, hat die Administration sämmtlicher Fabriken zu besorgen, und hierin kommen ihm seine langjährigen Studien, seine vielseitigen commerciellen Kenntnisse besonders zu Gute.

Porträt August Thonets, erschienen 1887 im „Illustrirten Oesterreichischen Journal“.

Porträt Josef Thonets, erschienen 1887 im „Illustrirten Oesterreichischen Journal“.

Porträtfoto Jacob Thonets, aufgenommen um 1870 im Pariser Atelier Etienne Carjat in der Rue Notre Dame de Lorette 10.

In dieser Weise sind also die Brüder thätig, um das Erbe ihres Vaters in dessen Sinne zu verwalten und der Erfolg, der ihre Bemühungen krönt, zeigt, daß sie ihrer Aufgabe voll gewachsen sind. Nur von dem einen Streben sind die Gebrüder Thonet erfüllt, und das ist, ihren Industriezweig immer mehr zu heben und zu fördern, und in diesem Streben unterstützt sie die schönste Harmonie. Ein leuchtendes Beispiel bot ihnen ihr Vater, als er für seinen jüngsten Sohn Jacob selbst eifrig im Geschäfte thätig war, um demselben seinen Anspruch auf einen Antheil aus dem Gewinne mit Berechtigung erheben lassen zu können.

Als praktische Großindustrielle jeder Art sind auch die Chefs der Firma Thonet für das Wohl ihrer zahlreichen Arbeiter auf's Eifrigste bedacht. Sie beweisen dies am besten und Edelsten durch die Gründung von Kranken- und Unfallskassen, durch die Errichtung von Schulen und Humanitäts-Anstalten, und in Allem und Jedem documentiren die Gebrüder Thonet ihre Fürsorge für das geistige und leibliche Gedeihen ihres Personals. Eine Thonet'sche Arbeiterniederlassung ist eine Musteranstalt in ihrer Art und seit ihrem Bestande haben die Thonet'schen Etablissements noch keinen Strike *(Streik; Anm. d. Verf.)* aufzuweisen gehabt, ein Zeichen, daß die Arbeiter auch die humanen Bestrebungen ihrer Brodgeber zu schätzen wissen.

Als Institution besonders gemeinnütziger Art erwähnen wir auch der über Intervention der Gebrüder der jeder einzelnen ihrer Fabriken gebildeten freiwilligen Feuerwehren, deren Erhaltungskosten von der Firma selbst bestritten werden. Ein Theil der Arbeiter in den drei bedeutendsten Fabriken wird zur Organisierung von Fabriks-Musikcapellen herangezogen, auf welche die musikalisch gebildeten und musikfreundlichen Chefs persönlich ihren Einfluß nehmen, ein Beweis, daß diese es nicht unterlassen, mit der Arbeiterschaft, die sich dieser Fürsorge bewußt ist, stets in directem Contact zu bleiben.

Daß während der langen Reihe von Jahren das Haus Thonet auch mit einer Reihe von hohen Auszeichnungen bedacht wurde, wie sie nur als Lohn für wahre Verdienste und für schätzenswerthe Errungenschaften auf wirthschaftlichem Gebiete in seltenen Fällen verliehen werden, brauchen wir nicht hervorzuheben. Schon Michael Thonet senior wurde mit dem Ritterkreuz des Franz-Joseph-Ordens, mit dem Ritterkreuz des Quadeloupe-Ordens und dem goldenen Verdienstkreuze mit der Krone ausgezeichnet. Die Söhne erhielten den Franz-Joseph-Orden, den Orden der Eisernen Krone dritter Klasse, das Ritterkreuz der französischen Ehrenlegion, des italienischen Kronen-Ordens und mannigfache andere Auszeichnungen.

All' die Medaillen, Prämien und Diplome anzuführen, die den Thonet'schen Producten als Zeichen lohnendster Anerkennung zugedacht wurden, hiezu gebricht es uns an Raum. Einer Auszeichnung müßen wir speciell gedenken, weil sie in ihrer Art selten und für die Gebrüder Thonet eine sehr schmeichelhafte, werthvolle Anerkennung bildet. Es ist dies die Verleihung der großen goldenen Medaille des niederösterreichischen Gewerbe-Vereins, welche Auszeichnung sämmtliche Mitglieder des Vereines in der Generalversammlung vom 2. Mai 1884 einhellig genehmigten. Bei vielen internationalen Ausstellungen fungirten die Chefs der Firma als Preisrichter, man wußte allgemein ihr gediegenes Wissen zu schätzen und ehrte auf diese Weise diejenigen, die durch eigene Arbeit, eigenes Können sich so hoch emporgearbeitet, in der zweckentsprechendsten Weise.

Aus dem Vorstehenden ergibt sich, wenn auch nicht in erschöpfender, so doch in markantester Weise die Biographie der hervorragendsten Großindustriellen Oesterreichs, Männer, die zum Wohle ihres Vaterlandes bereits Ersprießliches geleistet und vermöge ihrer Bedeutung berufen sind, in mannigfacher Beziehung in unsere wirthschaftlichen Verhältnisse gedeihlich einzugreifen. Das „Illustrirte Oesterreichische Journal“, daß all' jenen Erscheinungen im öffentlichen Leben, die vermöge ihrer geistigen, materiellen Vorgänge, wie vermöge ihrer Geburt eine bemerkenswerthe Rolle spielen, die nöthige Beachtung schenkt, hat es, wie ein eifriger Chronist, als seine Pflicht angesehen, auch die Chefs der Firma Thonet im Bilde vorzuführen, und glaubt hiemit, wie durch vorstehenden Artikel, eine alte Schuld in der ehrlichsten Weise getilgt zu haben.“

Stuhlmodell Nr. 51, August Thonet zugeschrieben.

Das überschwängliche und teilweise pathetische Lob für die Verdienste der Firma Gebrüder Thonet, in dem sich der ungenannte Verfasser dieses Textes ergeht, ist mehr als deutlich. Dass er die seinerzeit gerade im Aufbau befindliche Fabrik in Frankenberg nicht erwähnt, ist durchaus verständlich, auch geringfügige Fehler sind durchaus tolerabel (so erhielt Michael Thonet nicht einen „Quadeloupe-Orden“, sondern den mexikanischen Guadeloupe-Orden).

Problematisch ist jedoch die damals mangelnde Aktualität des Beitrags: Zum Zeitpunkt des ersten Erscheinens des Artikels im Frühjahr 1887 hatten sich einige der Brüder bereits (mit temporären Unterbrechungen) aus dem aktiven Arbeitsleben zurückgezogen. So lebten Franz Thonet seit 1879 und Michael Thonet jun. seit 1883 wieder ständig in Boppard (Näheres dazu im nachfolgenden Kapitel).

Was in dem Artikel auch nur vage angedeutet wird („In dieser Weise sind also die Brüder thätig, um das Erbe ihres Vaters in dessen Sinne zu verwalten [...]“), ist die Tatsache, dass der Firmengründer Michael Thonet sen. bereits 16 Jahre zuvor – am 3. März 1871 – im Alter von 75 Jahren verstorben war. Seine letzte Ruhestätte hatte er zunächst auf dem Wiener Friedhof St. Marx gefunden. In Boppard war der Tod dieses zu Weltruhm gelangten Sohnes der Stadt seinerzeit wohl nicht in breiterer Öffentlichkeit wahrgenommen wor-

Stuhlmodell Nr. 91, August Thonet zugeschrieben.

den, denn bislang sind weder Pressemeldungen noch andere Zeugnisse, die den Tod Michael Thonets betreffen, bekannt.

Die im o.g. Artikel erwähnten Söhne August, Josef und Jacob müssen verständlicherweise im Rahmen dieses Buches über „die Thonets in Boppard" ein wenig zurücktreten. Denn diese drei Thonet-Brüder waren weniger prägend in Boppard sozialisiert. So war August erst dreizehn, Josef zwölf und Jacob Thonet gar nur ein Jahr alt, als die Familie 1842 ihre Heimatstadt verließ. Dennoch kamen auch die drei jüngsten Brüder auf ihren Reisen mitunter durch ihre Geburtsstadt. Belegt wird dies u.a. durch einen Brief Franz Thonets aus Berlin vom 13. April 1865 an einen seiner Brüder in Koritschan. Er schrieb: „Nächsten Dienstag werde ich von hier abreisen, zuerst nach Hamburg, dann nach Cöln, Brüssel, Paris, London, Dublin, zurück nach London, Paris, Lyon, Genf, Luzern, Zürich, Bern, Basel, dann den Rhein hinunter, in Boppard werde ich am 1. Juni mit August zusammentreffen, der dann mit mir nach Cöln und Berlin reisen wird."

Hintergrund dieser ausgedehnten Reisetätigkeit im Jahre 1865 sind u.a. Ausstellungen mit Beteiligung der Firma Gebrüder Thonet in Köln und Dublin. Auf beiden Ausstellungen wurden die Leistungen der Thonets mit Silbermedaillen honoriert.

Ausschnitt aus der Walzer-Komposition „Die Poltergeister“ von August Thonet.

Jeder der Thonets für sich war für den Gesamterfolg der Firma unentbehrlich. So hatte Josef schon mit 23 Jahren das verantwortungsvolle Amt des kaufmännischen Leiters inne. August war wohl der kreativste Kopf des Quintetts: Ihm werden als „Chef-Designer“ die innovativen und außergewöhnlichen Entwürfe mehrerer Möbel (insbesondere die Stuhlmodelle Nr. 51 und Nr. 91) zugeschrieben. Nebenher betätigte er sich als geachteter Komponist von Polkas, Märschen, Walzern und sogar Kinderliedern.

VIII. Die Rückkehr von Franz und Michael Thonet jun. nach Boppard

In den frühen 1880er-Jahren kehrten Michael Thonets Söhne Franz und Michael jun. aus Wien in ihre alte Heimat an den Rhein zurück.

Allgemein bekannt ist, dass sich Franz 1879 eine Villa direkt am Rhein (heute Standort des Hotels „Ebertor“) kaufte und dort einzog. Die Recherchen zu diesem Buch ergaben, dass Franz Thonet jedoch bereits wesentlich früher Kontakt zu seiner Geburtsstadt zum Zwecke eines Umzugs suchte. Aus einem Briefwechsel zwischen der Bopparderin Anna Maria Mallmann (genannt „Nannchen“) und einem ihrer Söhne kommt die Absicht der Thonets, sich in Boppard niederzulassen, erstmals 1868 (!) zum Ausdruck. So schrieb sie in einem Brief am 6. November 1868: „Sogar erzählte mir H. Bach, dass die Gebrüder Thonet vorhätten, sich im Frühjahr [...] ein Haus hier zu bauen, obwohl sie in Mähren die schönen Schlösser bewohnen.“

Auch abseits dieser Bauabsichten werden die Thonet-Brüder in den Briefen von „Nannchen“ Mallmann, die mit ihrem Mann in Boppard ein Weingut bewirtschaftete, über die Jahre immer wieder erwähnt. So heißt es in einem Schreiben vom 28. August 1867 (gerade lief die Weltausstellung in Paris): „Dieser Tage wird H. Bach *(Herr Bach – gemeint ist der Bopparder Seminarlehrer Michael Bach; Anm. d. Verf.)* mit den Brüdern Thonet nach Paris abreisen und einen Monat dort bleiben [...]“ und in einem weiteren Brief vom 7. August 1876: „In voriger Woche waren die Gebrüder Thonet auch in unserem Keller und lobten das Getränk und bestellten mit der Etikette Bopparder Hamm Auslese [...].“

Obschon Franz Thonet noch nicht dauerhaft seinen Wohnsitz in Boppard nahm, mietete er zunächst eine Wohnung in der Privatpension der Witwe Anna Kruch (auch: Krug / Kruck). Das Mietverhältnis ist ab Oktober 1870 durch Eintragung in das Geschäftsbuch von Jacob Henrich belegt, der die Mietbeträge in bar für die Thonets auslegte. Die Mietzahlung von 60 Mark im Monat wurde akribisch festgehalten. Ab 1877 wurde die Miete stellvertretend durch Theresia Henrich, die Tochter Jacob Henrichs, an Anna Kruch bar gezahlt. Etwa neun Jahre lang waren die Thonets Mieter bei Frau Kruch. Die letzte Eintragung vor Beendigung des Mietverhältnisses ist datiert auf September 1879.

Porträtfoto Franz Thonets, aufgenommen im Atelier des k.u.k. Hoffotografen Fritz Luckhardt in der Wiener Taborstraße 18.

Von dem Vorhaben der Thonets, sich dauerhaft in Boppard anzusiedeln, berichtete „Nannchen" Mallmann erneut in einem Brief vom 7. Oktober 1872: „Am Samstag waren zwei Gebrüder Thonet hier; die haben die Millionen errungen. Sie haben auch vor, sich etwas in Boppard anzukaufen, nur meinte der Aelteste, Franz, die schönen Plätze seien alle in sicheren Händen [...]."

Tatsächlich hatte in Boppard Anfang der 1870er-Jahre ein Bauboom eingesetzt, in dessen Verlauf zahlreiche repräsentative Villen entstanden. Auch „Nannchen" Mallmanns Schwager Matthias errichtete mehrere solcher Villen auf Spekulation, um sie nach Fertigstellung mit gutem Gewinn zu verkaufen. Die prächtigste davon wurde jene, die er auf den Gewölben des vormaligen Eberbacher Hofes errichtete. Diese im neogotischen Stil erbaute schlossartige Villa in der Rheinallee 50 gehörte zu den imposantesten Gebäuden der Stadt. An der Nordostecke wurde die Villa von einem achteckigen, viergeschossigen Turm mit Spitzhelm überragt.

Über den Bau ebenjener Villa geben die Briefe von „Nannchen" Mallmann kaleidoskopartig Auskunft. So schrieb sie am 6. August 1872: „Matthias baut prachtvoll im gotischen Style; der Bau wird erst in zwei Jahren fertig sein; es wird die Villa-Mallmann alles andere in den Schatten stellen [...]" und am 7. März 1873: „Es sind so viele Häuser im bauen; über alles strahlt das Schloss von Matthias. Das ist ein wahrer Prachtbau wie er am ganzen Rhein nicht wieder zu finden ist. Du würdest staunen [...]." Am 7. August 1873 berichtete sie weiter: „Der Bau von Matthias ist aber auch mit vielem Kalk und großem Fleiß gebaut und kostet ihn gewiss mehr als 60.000 Thr. [...]" und schließlich am 7.März 1874: „Der Rhein fließt so dunkelgrün vorbei, als wäre es ein See, so spiegeln sich in dem Halbkreis alle Häuser und Thürme der Stadt darin, wozu nun auch ein neuer von dem prachtvollen Schloss des Matthias hinzugekommen ist. Ich war in voriger Woche dort um es mir mit unseren Damen einmal anzusehen. Es ist aber auch so prachtvoll, auch im Innern, so entsprechend der äußeren Schönheit. Die Eintheilung der Zimmer mit all den Erkern und Veranden und Balconen gerade als wäre*(n)* sie aus dem Hause gewachsen; es empfängt einen, als wäre es schon vor hundert Jahren gebaut worden [...]."

Nicht zuletzt dokumentierte „Nannchen" in einem Brief vom 3. Juli 1879 auch die Besitzänderung der durch ihren Schwager erbauten Villa: „Franz Thonet hat sich hier angekauft: das Thurmhaus am Rhein [...]."

Zu der nunmehrigen Thonet-Villa gehörte eine ausgedehnte Gartenanlage. Um diese zu erweitern, kaufte Franz Thonet 1892 eine Anzahl alter Häuser, die an sein Grundstück grenzten, und ließ diese abreißen.

Geradezu rührend wirkt ein 1884 handschriftlich aufgesetztes Vertragswerk zwischen Franz Thonet und dem amtierenden Bürgermeister Joseph

Die von Matthias Mallmann erbaute Villa in Boppard, die Franz Thonet 1879 erwarb.

Syrée, welches die Bemühungen um eine Erweiterung der thonetschen Gartenanlage widerspiegelt. Der Vertrag lautet:

„Zwischen dem unterzeichneten Bürgermeister Josef Syrée als Vertreter der Stadt Boppard einer- und dem Fabrikbesitzer Herrn Franz Thonet andererseits ist heute auf Grund des Stadtverordnetenbeschlusses vom 25. August 1884 nachfolgender Vertrag geschlossen worden.

1 Die Stadt Boppard gestattet Herrn Thonet den Raum zwischen der nordwestlichen Ecke des s.g. Eberbach Thurms und seiner Gartenmauer in nebenangedeuteter Weise auszumauern. Die Mauerkante erstreckt sich von der Thurmecke nach dem Garten in südwestlicher Richtung.

2 Herr Thonet hat hierfür einen jährlichen Betrag von fünfzig Pfennigen zahlbar am 11 Novber jeden Jahres an die Stadtkasse zu entrichten, wobei bemerkt wird, das der Vertrag am 15 August a c beginnt.

3 Sollten in der Folge Seitens der Verwaltungsbehörden eine Veränderung der Anlage oder Wiederherstellung des früheren Zustandes gewünscht werden, so muß dieselbe auf vorherige Anzeige der Behörde Seitens des Herrn Thonet binnen längstens 14 Tagen bewirkt werden, ohne daß dafür eine Entschädigung in Anspruch genommen werden kann, widrigenfalls die Änderung bzwse Wiederherstellung des frühern Zustandes auf Kosten des Herrn Thonet bewirkt wird.

Abgeschlossen in Duplo genehmigt und unterschrieben und jedem der Contrahenten ein Exemplar behändigt zu Boppard den sechsten October 1800 vierundachtzig."

Der 1825 in Koblenz geborene Joseph Syrée war studierter Jurist. Schon im Alter von 23 Jahren wurde Syrée, ein Mann von schmächtiger Statur, 1848 Bürgermeister in Boppard, wo er die Tochter des Apothekers Genius heiratete. (Zur Erinnerung: Genius war derjenige, der 1837 mit Michael Thonet sen. die Michelsmühle zum Zweck des Leimsiedens gekauft hatte.) Syrée war in Boppard u.a. Initiator der Gründung der Freiwilligen Feuerwehr, Gründungsmitglied des Verschönerungsvereins und Mitglied der Schützengesellschaft.

Nun saßen also im Sommer 1884 der altgediente Bürgermeister mit mittlerweile 36 Amtsjahren und der reiche Großindustrielle, der in seiner aktiven Zeit als Unternehmer Verträge (z.B. Holzlieferverträge) über immense Geldbeträge abgeschlossen hatte, beisammen und verfassten einen Vertrag über eine Finanzwirksamkeit von 50 Pfennigen im Jahr – ein geradezu liebevolles Zeichen absoluter Gewissenhaftigkeit und Korrektheit.

Nach Joseph Syrée wurde noch zu seinen Lebzeiten eine Straße benannt (heute: Mainzer Straße). In seine 44-jährige Amtszeit fielen u.a. die Einweihung der evangelischen Kirche (1852), der Bau des Marktbrunnens (1854), die Gründung des Erziehungsheims St. Martin (1855), die Gründung der Kreissparkasse (1858), der Bau des Bahnhofs (1859), die Herausgabe der ersten

Joseph Syrée, Bürgermeister in Boppard von 1848 bis 1892.

Werbeschrift für die Stadt Boppard (1861), die Einweihung des Waisenhauses (1865), die Herausgabe der „Bopparder Zeitung“ (ab 1866), die Einweihung der Synagoge (1867), die Eröffnung der Ursulinenschule und des Lehrerseminars (1868), die Pflanzung der Kaiserlinde auf dem Marktplatz (1871), die Eröffnung einer Höheren-Töchter-Schule (1875) sowie der Neubau des Rathauses (nach dem Brand von 1884). Ende April 1892 trat Syrée in den Ruhestand. Er starb wenige Monate vor Franz Thonet am 24. Oktober 1897 und wurde auf dem Friedhof in Boppard-Buchenau beigesetzt, wo sein Grab noch erhalten ist. Heute erinnern die Namensgebung des Bahnhofsvorplatzes (Bürgermeister-Syrée-Platz) und ein Gedenkstein in den Rheinanlagen an dieses rührige und erfolgreiche Stadtoberhaupt.

Nachdem Franz Thonet 1879 die Villa in der Rheinallee 50 erworben hatte, folgte ihm sein jüngerer Bruder Michael Thonet jun. wenig später nach Boppard, wo 1882 in der Coblenzer Straße der Bau seines Hauses begonnen wurde. Auch über dessen Baufortschritte geben „Nannchen“ Mallmanns Briefe Auskunft. Demnach hatte Michael Thonet den Architekten August Heins beauftragt, das Gelände neben der sogenannten Königsvilla aufzukaufen. Am 3. Mai 1882 schrieb „Nannchen“: „Gestern wurde das Haus für H. Thonet begonnen. Nach dem Plan, den August *(Heins; Anm. d. Verf.)* gemacht hat, muss es eine Zierde mehr für Boppard geben.“ Und am 3. September 1882 berichtete sie: „[…] gestern wurde der Grundstein zu dem Hause des H. Michael Thonet gelegt. Anna *(die Frau von Architekt Heins; Anm. d. Verf.)* kam und bat ich möchte sie doch dorthin begleiten; so brachte ich dann die Frau Meisterin an Ort und Stelle, wo eine Festrede von August *(Heins)* gehalten wurde, dann der Hausspruch von Franz Thonet gesprochen wurde. Da zugleich Sedan gefeiert wurde klangen die Glocken, die Berge wiederhallten von dem Echo der Böller, die abgeschossen wurden um den Tag würdig zu beschließen. Die Aussicht auf die Stadt ist von dort wunderschön; die Arbeiter saßen im Kreise und wurden vollauf mit Wein und Essen erfreut. Auch der Bauherr mit den übrigen Herrn wurde aus dem nämlichen Fass getränkt. Die erste Ohm *(1 Ohm = ca. 137 Liter; Anm. d. Verf.)* war bald ausgeschenkt und so musste noch eine herbeigeschafft werden.“

In der Grundsteinlegungsurkunde, die in Reimen abgefasst ist, heißt es:

„Im Jahre Achtzehn Hundert Achtzig und zwei
Am zweiten September wir waren dabei
Zu legen den Grundstein für dieses Haus
Wie's Sitte und Brauch war, so führen wir's aus.

Den Hammer nahm der Hausherr Michael Thonet zur Hand,
Der Hammerschlag kräftig tönt weit über's Land,

Ansichtskarte von Boppard um 1900; im Vordergrund die Villa von Michael Thonet jun., im Hintergrund die Ortschaft Filsen.

Der Baumeister Heins jetzt erfaßt die Dokumente
Und legt sie säuberlich in die Fundamente; [...]"

Die „Bopparder Zeitung" vom 5. September berichtete über dieses wichtige Ereignis: „[...] und eine neue und großartige Zierde von Boppard schafft Herr Michael Thonet jetzt durch seine Villa, die ein Entree für unsere Stadt bilden wird, wie ein solches wenig Kleinstädte am Rhein aufzuweisen haben werden [...]."

Das Baugrundstück von Michael Thonet jun. lag unmittelbar am Rhein und war von der Hochwasserkatastrophe im Herbst 1882 stark betroffen. Die Presse berichtete: „Geht man hinaus vor die Stadt, so sieht man gegenüber von Camp das Fährhäuschen bereits nurmehr mit dem Dach aus dem Wasser gucken und Camp jenseits ist halb überschwemmt. Nicht besser sieht es unterhalb der Stadt aus. Der Neubau des Herrn Thonet ist gänzlich vom Wasser eingeschlossen, der Wasserspiegel ist fast mit der hohen Mauer, welche das Grundstück vom Rhein trennt, gleich und auf dem Bauplatz kann man mit dem Nachen herumfahren [...]." In derselben Meldung ist zu erfahren, dass die Alte Burg, in der heute das Thonet-Museum untergebracht ist, als Gefängnis diente und dass die Gefangenen verlegt werden mussten, weil das Hochwasser in die Zellen eingedrungen war.

Im Winter 1882/83 kam es erneut zum Baustopp wegen Hochwassers. Darüber erfährt man von „Nannchen" Mallmann in einem Brief vom 2. Dezember 1882: „[...] aber die ganze neue Bauerei von H. Michael Thonet steht unter Wasser, was nach dem Wunsche von August *(Heins, der Architekt; Anm. d. Verf.)* höher gelegt werden sollte. Die Herren Thonet aber wollten es so.“ Michael Thonet jun. erfuhr von dem Hochwasser in Wien und spendete von dort aus im Januar 1883 einen Betrag von 100 Mark für die hochwassergeschädigten Bopparder.

Und noch einmal gab es eine Schlagzeile in Zusammenhang mit einem Neubau der Thonets in der „Bopparder Zeitung“: „Wir hörten nachträglich von einem Akte unerhörter Thierquälerei. Ein Fuhrmann der zu dem Thonetschen Neubau an der Coblenzerstraße die ziemlich steil ansteigende Fraubachstraße herauf Backsteine fuhr, hatte seinen Karren derart überladen, dass das Pferd bei der größten Anstrengung denselben kaum vorwärts zu bewegen vermochte. Anstatt nun etwas abzuladen, hieb der Führer des Karrens derart auf das Pferd ein, [...] dass sich dasselbe vor Schmerz förmlich bäumte und schrie [...].“ Da dieser Bericht schon in einer Ausgabe von 1881 erschien, waren die Steine wohl für den Bau des Stalls mit integriertem Gartenhaus und Wasserreservoir am Rand der Gartenanlage von Franz Thonets Villa bestimmt. Dieses Gartenhaus mit Remise (bis zu seinem Abriss 1998 in Boppard als „Schweizerhaus“ bekannt) war 1880 der erste größere Auftrag für den jungen Architekten August Heins.

Michael Thonet jun. betreute den Bau seiner prächtigen Villa am Rheinbogen in der Coblenzer Straße 48 wohl überwiegend nicht persönlich, wusste jedoch das Projekt bei August Heins in guten Händen. „Nannchen“ Mallmann informiert ihren Sohn in Argentinien in einem Brief vom 3. Juni 1883: „Dieser Tage kam auch H. Michael Thonet. Er war sehr entzückt von seinem schönen Bau und lobte den Meister, der es erbaut, was auch Freude bei August und Anna *(das Ehepaar Heins; Anm. d. Verf.)* gebracht hat.“

Natürlich wurde bei dem Bau auch ein zünftiges Richtfest gefeiert. Die „Bopparder Zeitung“ berichtete darüber: „Am Samstag, den 7. d.M. spielte sich hier in unserer nächsten Nähe ein kleines Volksfest ab, es galt der Richtefeier am Neubau des Herrn Michael Thonet. Dieser Bau, der unserem Rheinpanorama einen so schönen Abschluß geben wird, ist allen Boppardern wohl bekannt und dürfte es daher die Leser dieses Blattes auch interessieren, von dem Verlauf der Richtefeier zu hören. Die Gesellschaft versammelte sich abends gegen 7 Uhr und zwar die Familie des Bauherrn, Freunde und Bekannte desselben am Fuße des Thurmes, die Handwerker, über fünfundsiebzig an der Zahl hoch oben auf den Gerüsten, wo auch das Musikcorps sich aufstellte, freilich erst nachdem die nicht schwindelfreien Jünger der heil. Cäcilie unter großen Schwierigkeiten die hohen Leitern hinaufgeschafft waren [...].“ Im selben Artikel wird zudem von Ansprachen, Böllerschüssen, Musik (Rheinliedern), Tanz und guter Verpflegung (zu der auch Zigarren gehörten!) berichtet.

Das stattliche Gebäude Michael Thonets ist auf zahllosen Ansichtskarten von Boppard zu sehen. Unter ihren Nachbesitzern trug die Villa verschiedene Namen, u.a. „Rheineck“ und „Villa Strunck“. Der letzte Besitzer konnte

Anfang der 1930er-Jahre die Hauszinssteuer für das Gebäude nicht mehr zahlen und ließ es darum für 9.559 Reichsmark „auf Abbruch" versteigern. 1934 wurde die ehemalige Villa Michael Thonets abgebrochen.

Ein interessantes Zeugnis vor allem der baulichen Aktivitäten der Thonets in Boppard bietet ein Reisebericht des Frankfurter Arztes Dr. Heinrich Hoffmann, der durch den „Struwwelpeter" Berühmtheit erlangte. In seinen Lebenserinnerungen – in den Jahren 1889 bis 1892 verfasst und 1926 postum veröffentlicht – findet sich auch ein Reisebericht. Darin schreibt Hoffmann:

„Boppard ist ein freundliches reinliches Städtchen, das immer freundlicher und heller werden wird, da jedes Jahr fast regelmäßig daselbst alte Häuser abbrennen, und zwar immer in Gegenden, wo Neubauten erwünscht und notwendig sind. [...] Die Stadt ist von hübschen Villen umgeben. [...] Das gesellige Leben ist das leidig rheinische: die Frauen geben in vollem Gesellschaftsanzug tafeldrückende Kaffeegesellschaften, und die Männer sitzen im Weinhaus.

Leider ist die Spannung zwischen der kleinen protestantischen Gemeinde und der zahlreichen katholischen Einwohnerschaft recht fühlbar. Einige Familien sind sehr reich geworden, und dies meist im Ausland, und sie kehren dann später als müde Rentiers in ihr Vaterstädtchen heim. Verbreitet ist hier der Name Mahlmann. Da steht im westlichen Teil am Rhein eine gotische stolze Villa mit Türmchen und großen Fenstern in schönem Park; [...] Eine andere Familie ähnlicher Art in Boppard sind die Gebrüder Thonet, die bekannten Wiener Stuhlfabrikanten. Der Vater der zwei hier lebenden Brüder war ein armer, am Hungertuch nagender Schreiner, der einst zu seiner Frau sagte: ‚Hier hast du die Hälfte des geringen Geldbetrages, den wir noch besitzen, sieh zu, wie du hier fortkommst. Ich will in der Welt draußen mein Glück versuchen, und, gelingt's mir, euch zu mir kommen lassen.' – Und es gelang ihm über alles Erwarten durch die Erfindung der Möbelfabrikation von in heißen Dämpfen gebogenem Holze. Das österreichische Ministerium half den Leuten. Sie besitzen jetzt Waldungen und Fabrik in Mähren, das Hauptgeschäft in Wien, Filialen in Frankfurt, Paris, London und allerorten.

Die Söhne führten das Geschäft weiter, sie sind jetzt auch bejahrte Männer, von denen zwei sich als müde Arbeiter nun hierher zurückgezogen haben. Der eine wohnt in einer kleinen Villa am Rhein, hat den Uferrand auf eine weite Strecke mit massiven Quaimauern herstellen lassen und auf einem Berge Anlagen mit einem Pavillon darin als ‚Thonetsruhe' der Stadt geschenkt. Als der zweite Bruder vor einigen Jahren den hiesigen besuchte, kaufte er unten am Rhein ein großes Stück Feld und ließ sich eine stattliche Villa in einem barocken gotischen Phantasiestil erbauen. So kehren die Schafe von der Weide oder die müden Tiere von der Arbeit wieder in ihren Stall zurück."

Diese Ausführungen Hoffmanns entbehren indes weitgehend korrekter Fakten. Ein blumig-unterhaltsamer Schreibstil war ihm wohl wichtiger als die Wiedergabe von Tatsachen und seine Ausführungen sind daher eher als Anekdoten zu verstehen.

Obwohl Franz und Michael jun. nun dauerhaft in Boppard wohnten, hatten sie sich nicht gänzlich aus der Leitung des Unternehmens zurückgezogen. So ist es nicht verwunderlich, dass sie gelegentlich nach Wien oder zu ihren Firmenstandorten reisten. Während der teilweise recht langen Abwesenheit der beiden ältesten Thonet-Brüder kümmert sich der alte Freund und Vertraute Jacob Henrich um deren zwei Anwesen in Boppard. So schrieb beispielsweise Michael Thonet jun. am 29. April 1892 von einem Aufenthalt in Wien an Henrich: „Lieber Jacob! In dem Fremdenzimmer über der Küche ist jetzt nur eine Bettstelle und zwar mit einem Aufsatz an dem Kopfhaupt, meine Frau möchte nun gerade so wie dieses ein zweites gemacht haben, ich weiß aber nicht genau das Maaß davon. Sei daher so gut nach drin liegender Zeichnung das Maaß von beiden Häupter, vom Kopfhaupt und vom Fußhaupt die Höhe und auch die beiden die lichte Höhe der Füllungen ebenso die Länge und Breite der Seiten zu nehmen und mir gleich darüber zu schreiben, daß ich die Bettstelle gleich in Koritschan bestellen kann.

Meine Frau hat gleich einen Papagei angeschafft, ich werde für denselben hier einen Käfig und Ständer kaufen und an deine Adresse absenden lassen. Lasse ihn gleich auspacken und in unser Speisezimmer aufstellen. Wegen der Musik und Theater Ausstellung werden wir schwerlich vor halben Mai von hier fortkommen. Sei so gut, wenn ein schöner warmer Tag sein wird alle Gartensessel mit Schellack anstreichen zu lassen. Die Witterung haben wir hier seit 14 Tagen sehr rauh und ist die Vegetation gegen voriges Jahr weit zurück.

Ausser einer kleinen Erkältung haben wir den Winter glücklich überstanden, so daß wir nicht nöthig hatten, eine Reise nach dem Süden zu machen. Hoffentlich wird Dein Befinden auch ein gutes sein. Grüße mir vielmals Andreae's und Bach's und alle die Deinigen und schreibe mir recht bald und sei aufs herzlichste gegrüßt von Deinem Freund M. Thonet."

Die Thonets als Förderer und Gönner

Gleich nach seinem Umzug suchte Franz Thonet offensiv Kontakt zur Bopparder Öffentlichkeit und zu Vereinen. Auf der Rückseite seiner Visitenkarte, die er seinem Freund Jacob Henrich zusteckte, steht: „Lieber Jakob. Wenn du mir einen Gefallen tun willst, so schlage mich als Mitglied des Schützenvereins vor, auch möchte ich haben daß die Gesellschaft ein Tischchen als Schießpreis von mir annimmt. dein Ergebenst Franz." Tatsächlich hat Jacob Henrich – selbst Schützenkönig der Bopparder Schützengesellschaft in den Jahren 1865, 1869 und 1879 – diesen Kontakt zwischen Franz Thonet und der Schützengesellschaft erfolgreich geknüpft.

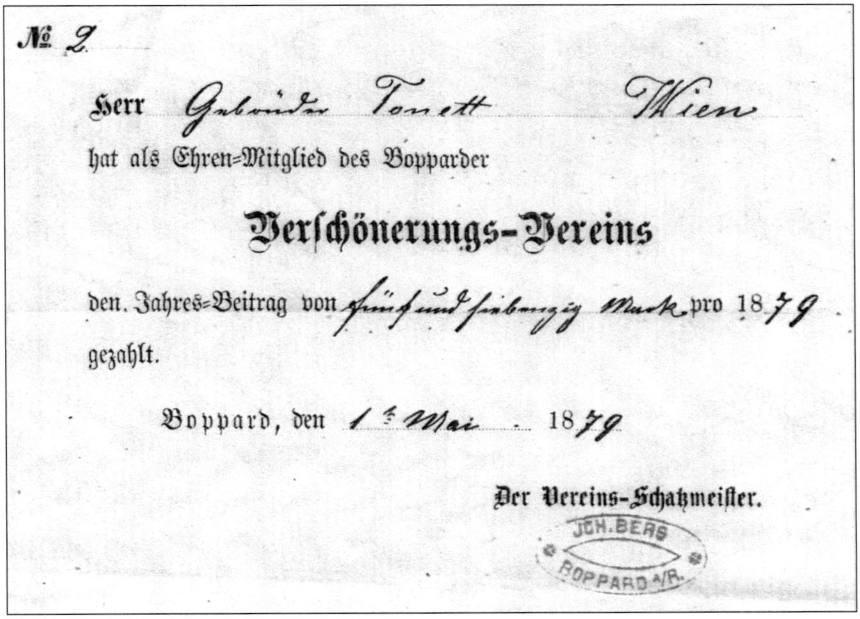
№ 2.

Herr Gebrüder Tonett Wien

hat als Ehren-Mitglied des Bopparder

Verschönerungs-Vereins

den. Jahres-Beitrag von fünfundsiebenzig Mark pro 1879

gezahlt.

Boppard, den 1te Mai 1879

Der Vereins-Schatzmeister.

JOH. BERG BOPPARD A/R.

Beitragsquittung des Verschönerungsvereins für die Ehrenmitgliedschaft der Gebrüder Thonet für das Jahr 1879. Der Schatzmeister des Vereins, Joh. Berg, hatte Probleme mit der richtigen Schreibweise des Nachnamens und schrieb „Tonett". Im Jahr zuvor hatte er die Quittung auf den Namen „Thonett" ausgestellt.

Seit dem Jahre 1878 wurden die Brüder Thonet (Franz und Michael jun.) als Ehrenmitglieder im 1872 gegründeten Verschönerungsverein Boppard geführt. Ehrenmitglied wurde man damals nicht durch Verdienste, sondern durch Zahlung eines deutlich höheren Jahresbeitrags. Ab Mai 1880 nahm Franz Thonet regelmäßig an den Sitzungen des Vereinsvorstandes teil. Weitere prominente Mitglieder im Verschönerungsverein waren der Komponist Engelbert Humperdinck und der Verleger Carl Dietrich Baedeker. Mitte 1881 rückte Franz Thonet in die Position des zuvor verstorbenen Zweiten Vorsitzenden ein und wurde bald darauf in diesem Amt bestätigt. Besonders erfolgreich gestaltete sich in den darauffolgenden Jahren seine Zusammenarbeit mit Carl Dietrich Baedeker zum Wohle des Vereins. Die Anlage von Wanderwegen und Schutzhütten sowie die Anpflanzung von Schatten spendenden Bäumen entlang der neuen Wege stand im Zentrum des Engagements.

Darüber hinaus erwarben Franz und Michael Thonet jun. am Eisenbolz ein großes Stück Land mit hervorragender Aussicht auf Boppard und den gegenüberliegenden Ort Kamp. Dort ließen sie auf eigene Kosten einen Pavillon errichten, mit dessen Ausführung der Bopparder Schreiner Henrich beauftragt wurde. 1879 war dieser Aussichtstempel dann fertiggestellt, im Jahr darauf wurde er eingeweiht.

Das Aussichtstempelchen „Thonetshöhe", aufgenommen im Jahre 2008.

Ebenfalls auf den Einsatz thonetschen Geldes geht die Einrichtung eines Wanderwegs hinauf zu dem Pavillon zurück. So vermeldete der „Bopparder Stadtanzeiger" 1879: „Boppard verdankt dem hochherzigen Bürgersinn der Herren Gebrüder Thonet eine neue Anlage, die sich in würdigster Weise den übrigen Schöpfungen des Verschönerungsvereins anschließt. Wir meinen den prachtvollen schattigen Weg vom Schützenplatz beginnend, bis hinauf zur Thonets-Höhe, wo Camp gegenüber schon vor längerer Zeit ein Tempel erbaut worden ist. – Naturfreunden empfehlen wir den Besuch dieses mit vielem Geschmacke angelegten Weges auf's angelegentlichste [...]."

Erläuternd sei hier angefügt, dass der Schützenplatz zur damaligen Zeit außerhalb Boppards bergseits der Bahnlinie in der Schützenstraße lag – etwa an der Stelle, an der heute die Bahnüberführung vom Gymnasium aus mündet. Mit der baulichen Ausdehnung der Stadt wurde der Schützenplatz später von seinem ursprünglichen Ort verlegt und befindet sich seither im oberen Mühltal.

„Nannchen" Mallmann teilt ihrem Sohn in Südamerika das Ereignis der Einweihung des Aussichtstempels in einem Brief vom 3. September 1880 folgendermaßen mit: „Kürzlich waren die Brüder von Franz Thonet hier und feierten die Einweihung der Thonetshöhe mit; da meinte Joseph Thonet, er freue sich darauf bald nach hier sich zurückzuziehen, es gefiele ihm doch am besten am Rheine. August *(gemeint ist der Architekt August Heins; Anm. d. Verf.)*

baut in die Besitzung von Franz Thonet ein Wagenremis und Stallung für drei Pferde [...].“ Zu der beabsichtigten Umsiedlung Josef Thonets nach Boppard kam es jedoch nicht mehr – er starb am 20. August 1887 in Wien als erster der fünf Thonet-Brüder.

Bereits in den ersten Jahren nach der Errichtung des Aussichtspavillons auf der Thonets-Höhe beklagte der Bopparder Verschönerungsverein jedoch Anzeichen von Vandalismus in dem Tempelchen. Eine Eintragung im Protokollbuch des Verschönerungsvereins anlässlich der Generalversammlung vom Mai 1885 vermerkt: „[...] haben wir nur eine Ausdehnung der Anlagen an der Thonets-Höhe zu verzeichnen, die wir wieder der Generosität ihres Besitzers, Herrn Franz Thonet, zu verdanken haben. Die neuen Wege steigen vom Tanzplatz in Serpentinen über einige Felsköpfchen mit schöner Aussicht aufwärts bis zum Hauptwege und die Aufstellung fester Bänke laden zum Besuchen und Rasten ein. Wenn wir im letzten Jahre auch wenig mutwillige Zerstörungen zu registrieren haben, so darf hier die Unsitte des Bekritzelns und Einschneidens der Namen in das Holzwerk nicht ungerügt bleiben. Leider beschränken sich die Urheber nicht bloß hierauf und auf einzelne schwache Geistesprodukte, sondern es treten uns auch häufig genug Zeichnungen und Inschriften so obszönen Inhalts entgegen, dass es zur Unmöglichkeit wird, ein anständiges weibliches Wesen nach einem solchen Punkt hinzuführen, zumal derartige Gedenktafeln in sehr verzeihlicher Weise zum Studium reizen. So z.B. wies Anfang April der Pavillon auf Thonets-Höhe wohl ein Dutzend solcher Zeichnungen und Inschriften auf.“

Weiter wird berichtet, dass sodann versucht wurde, diese „Zeichnungen und Inschriften obszönen Inhalts“ mit Wasser und Seife zu entfernen, was jedoch wohl nur unzureichend gelang.

War diese Art von Vandalismus an ihrem Eigentum auch sehr ärgerlich für die Thonets, so muss es dennoch einen anderen, bislang nicht bekannten Vorfall gegeben haben, der die Brüder schließlich bewog, aus dem Verschönerungsverein auszutreten. Die schriftliche Austrittserklärung wurde am 11. Februar 1893 abgefasst und im Vorstand des Vereins zutiefst bedauert. Nur wenige Monate später, am 12. Dezember 1893, schien der Unmut der Thonets indes besänftigt, denn Franz Thonet gab bekannt, dass er und sein Bruder nun wieder in den Verschönerungsverein einträten bei einem Jahresbeitrag von je 20 Mark. Auch wenn Franz kein Amt im Vorstand mehr übernahm, trat Michael noch einmal als Sponsor für den Verschönerungsverein auf. Auf der Hauptversammlung im Mai 1902 wurde ihm dafür gedankt, dass er durch seine finanzielle Zuwendung ermöglicht hatte, den sogenannten Kronprinzenpfad – einen Wanderweg durch das romantische Mühltal bei Boppard – erheblich zu verlängern.

Über ihr Engagement im Verschönerungsverein hinaus betätigten sich die Thonet-Brüder in den Bopparder Jahren auch anderweitig als Förderer und

Gönner. Im Januar 1882 vermeldete z.B. die lokale Presse: „Dem Berichterstatter ist es stets ein angenehmes Gefühl, über erfreuliche Begebenheiten Mittheilungen machen zu können und so bin ich heute in der angenehmen Lage, den verehrten Lesern dieses Blattes und besonders den Bewohnern von Boppard von einer hochherzigen nobelen That berichten zu können. Unser verehrter Mitbürger Herr Franz Thonet hat dem hiesigen Hospitale 100 Stück sehr schöne gebogene Stühle und dem kath. Gesellenverein deren 24 Stück zum Geschenk gemacht. Eine reiche und ganz praktische Gabe. Dem edlen Geber warmen Dank."

Zur Gedenkfeier anlässlich des 100. Geburtstages von Michael Thonet sen. 1896 vermeldet der „Bopparder Stadtanzeiger": „Zu Ehren der Verstorbenen der Familie Thonet, deren Mitglieder in diesen Tagen hier zur Feier der hundertsten Wiederkehr des Geburtstages des Begründers des Welthauses Michael Thonet in unserer Stadt versammelt sind, findet morgen Donnerstag früh 9 Uhr in der hiesigen Pfarrkirche ein feierliches Hochamt statt." Und unter der Überschrift „Hochherzige Schenkung" vermeldete dasselbe Blatt: „Die Herren Gebrüder Thonet haben anläßlich der gestrigen 100jährigen Geburtstagsfeier ihres verstorbenen Vaters als Gründer des Geschäfts dem katholischen Waisenhause hier 5000 Mark zur Stiftung eines katholischen Knaben-Waisenhauses und zur Erziehung guter Zöglinge für den Handwerkerstand geschenkt."

Ein weiteres Beispiel der Gönnerschaft findet sich ebenfalls in einer Meldung des „Stadtanzeigers": „Die Herren Gebrüder Thonet aus Wien übermittelten anläßlich der hundertjährigen Gedenkfeier des Geburtstags des Gründers des Welthauses Thonet dem hiesigen Cigarrenabschnitt-Sammelverein zur Unterstützung armer hiesiger Konfirmanden ohne Unterschied der Konfession ein Geschenk von 1000 Mark." Diese Meldung musste in der nächsten Ausgabe allerdings berichtigt werden: „Die in voriger Nummer enthaltene Notiz betr. Geschenk der Herren Thonet ist dahin zu berichtigen, daß es heißen muß: nicht an arme Konfirmanden, sondern an arme Schulkinder ohne Unterschied der Konfession, ferner nicht 1000, sondern hundert Mark."

„Nannchen" Mallmann berichtete in einem Brief aus Boppard vom 3. Juni 1882: „Die Familie Thonet ist wieder angekommen und ist schon der neue Bau *(für Michael Thonet jun.; Anm. d. Verf.)* abgesteckt. Die machen doch einen sehr patriotischen Gebrauch von ihrem Gelde. Sie erfreuen die ganze Stadt. Zu Weihnachten gab er [...] eine namhafte Summe für die Armen von Boppard. [...] Sie helfen und bleiben in ihrer Einfachheit den Menschen gegenüber und genießen deshalb ihre Güter doppelt."

Mit einer Anzeige bedankten sich wiederum die Thonets 1896 im „Bopparder Stadtanzeiger" für die Anteilnahme der Bevölkerung: „Unsern lieben Boppardern den herzlichsten Dank für die innige Teilnahme, welche sie beim

Gedenkfeste des hundertjährigen Geburtstages unsres verehrten Vaters, dem Andenken desselben bezeugten. Familie Thonet."

Schließlich sei erwähnt, dass Michael und Franz Thonet jährlich je 500 Mark freiwillige Steuern abgaben. Diese wurden erst im Sommer 1904 auf Antrag der Witwen gelöscht.

Michael Bach und die Familie Andreae

Zur Bopparder Familie Andreae hatten die Thonets eine besondere Beziehung; und es kann angenommen werden, dass sich bereits Michael Thonet sen. und Oberförster Carl Andreae (gest. 1859) kannten. Carl Andreae hatte einen Sohn namens Hubert, der 1846 Margarethe Pies heiratete und vier Kinder mit ihr zeugte. Der älteste Sohn starb schon in jungen Jahren, die anderen drei Kinder (Gertrude, Carl und Franz) waren jedoch den Thonets eng verbunden, da deren Kontakte zu Boppard und dem Mittelrheingebiet trotz des Lebens in Wien weiter bestanden.

So verwundert es nicht, dass Franz Thonet nach dem Tod seiner ersten Ehefrau Caroline „Carry" Bowingdon im Jahre 1874 bald darauf die am 18. Juni 1856 in Oberwesel geborene Gertrude Andreae – Enkelin des erwähnten Oberförsters Andreae und Lehrerin an einer höheren Privatschule in Koblenz – kennenlernte. Der Kontakt kam eher zufällig zustande, als sich Franz und Gertrude („Truda" genannt) im Hause ihres Onkels, des Natur- und Heimatforschers Dr. Michael Bach (1808–1878), trafen. Schon kurze Zeit später erfolgte trotz des Altersunterschieds von 36 Jahren ihre Verlobung, welcher im Oktober 1878 die Hochzeit im rechtsrheinischen Hönningen folgte. Trauzeuge war u.a. der Bruder der Braut, Carl Andreae.

In (Bad) Hönningen wohnten in diesen Jahren die Eltern Gertrudes, bis sie 1882 nach Boppard umzogen. Im Adressbuch der Stadt Boppard aus dem Jahr 1895 wird Franz Thonets Schwiegermutter, Margarethe Andreae, geb. Pies, Witwe von Hubert Andreae, unter der Anschrift Heerstraße 21a geführt. Hierbei handelt es sich um das auf dem Grundstück von Franz Thonet durch den Architekten August Heins erbaute „Schweizerhaus".

Das Ehepaar Franz und Gertrude Thonet lebte im Winter überwiegend in Groß-Ugrócz in Ungarn und im Sommer in der Villa am Rhein. Daneben hatte das Ehepaar seit 1884 eine Wohnung in Wien, anfänglich in der Rothenturmstraße, dann in der Kärntnerstraße 16. Nach dem Tod von Franz zog Gertrude Thonet wieder zurück in die Rothenturmstraße, wo sie bis 1920 wohnte. Auch in der Villa am Rhein lebte sie noch einige Jahre, bis sie erneut heiratete und mit ihrem zweiten Ehemann (Stoeck) nach Bad Kreuznach verzog. Aus Dankbarkeit gegenüber ihrem langjährigen Wohnort schenkte

Porträtfoto von Gertrude („Truda“) Thonet, geborene Andreae, aufgenommen im Atelier des k.u.k. Hoffotografen Fritz Luckhardt in der Wiener Taborstraße 18.

Porträtfoto Gertrude Thonets in ihren späteren Jahren.

sie im Jahre 1927 der Stadt Boppard das weitläufige Gelände am Eisenbolz, welches Franz in den späten 1870er-Jahren zur Errichtung des Aussichtstempels erworben hatte.

Auch die Familien Thonet und Bach pflegten engen Kontakt miteinander. In einem Brief vom 27. August 1860 aus London kündigte Franz Thonet seinen Brüdern seine Rückkunft an: „Am 4. oder 5. *(September; Anm. d. Verf.)* werden wir mit Herrn Bach von Boppard abreisen, uns 1 Tag in Rüdesheim und 1 Tag in München aufhalten und dann über Salzburg nach Linz und Wien reisen." 1867 begleitete Michael Bach die Thonets auch zur Weltausstellung in Paris.

Bislang wenig bekannt ist die Tatsache, dass Bach sogar mit den Thonets verwandt gewesen ist – er war ein Halbbruder von „Truda" Andreaes Mutter. Seine Witwe verbrachte ihre letzten Lebensjahre in Franz Thonets Backsteinhaus („Schweizerhaus") an der Heerstraße / Ecke Untere Fraubachstraße, am Rand des großen Villengrundstücks. Die Eltern von Gertrude „Truda" Andreae sowie die Eheleute Bach wurden schließlich in der gleichen Grabstätte auf dem Friedhof in Boppard-Buchenau bestattet.

Nebenher sei angemerkt, dass Bach in den Weinbergen im Rheinbogen eine Pflanze entdeckte, die ausschließlich bei Boppard wächst, und der er den Namen „Iberis Boppardiensis" (Bopparder Schleifenblume) gab. Aufgrund seiner Verdienste um die Naturforschung trägt bis heute eine Bopparder Straße den Namen Michael Bachs.

Einer seiner Söhne ist später offensichtlich in die Firma Thonet eingetreten. „Nannchen" Mallmanns Brief vom 21. April 1870 tut zumindest diese Absicht kund: „Der älteste Sohn von H. *(Herrn; Anm. d. Verf.)* Bach soll zu Leientahl kommen, um später zu Thonet gehen zu können, weil diese wünschen, dass er zuerst ein Jahr draußen aushält."

Gertrudes 1852 geborener Bruder Franz Andreae schlug nach dem gymnasialen Abschluss eine kaufmännische Laufbahn ein. Nach diversen Arbeitsverhältnissen in Boppard und Koblenz trat er im Oktober 1877 bei der Firma Gebrüder Thonet in Berlin als Con-Prokurist und Verkäufer ein. Mit Wirkung vom 1. März 1883 übernahm Franz Andreae die Leitung der Thonet-Niederlassung in St. Petersburg und blieb dort 17 Jahre lang. 1901 wurde ihm die Leitung der Niederlage in Berlin (Leipzigerstraße) übertragen und 1907 wurde er zum thonetschen Generalbevollmächtigten für Deutschland ernannt.

Gertrudes 1850 geborener Bruder Carl Andreae trat am 5. August 1874 bei Gebrüder Thonet in Berlin ein. Auf der Basis seiner Ausbildung in einer Bank konnte er sich im kaufmännischen Bereich etablieren, und als am 1. Oktober 1878 die Firma Thonet eine Filiale in Frankfurt am Main eröffnete, übernahm Carl Andreae dort die Leitung. Im März 1884 wurde ihm die Stelle eines Bürochefs in der Wiener Zentrale offeriert und so zog er mit seiner Frau Phoebe, geb. Bowingdon, die er 1880 in Groß-Ugrócz geheiratet hatte, und dem Sohn Franz in die große Wohnung im dritten Stock des Thonethauses am Stephansplatz. Die 1861 geborene Phoebe Bowingdon war eine Nichte von Franz Thonets erster Frau Caroline „Carry" Bowingdon. Sie war in Groß-Ugrócz bei Franz Thonet aufgewachsen, der sich auch um die Erziehung Phoebes kümmerte.

Schon am 5. Januar 1886 erhielt Carl Andreae Einzelprokura und blieb bis zu seinem Ausscheiden der einzige Prokurist im Haus. Im März 1920 kehrte er zurück nach Boppard, wo er seinen Lebensabend verbrachte.

Franz, der älteste Sohn Carl und Phoebe Andreaes, trat 1908 als Volontär bei Gebrüder Thonet in Berlin ein und wechselte zwei Jahre später in die Niederlassung in Frankfurt am Main. Franz Andreae erinnerte sich später: „Am meisten waren meine Eltern und ich natürlich mit Franz Thonet zusammen. In Wien wohnten wir lange Wohnung an Wohnung im ersten Stock der Kärntnerstraße. Die Wohnungen waren auch immer durch eine Tür verbunden. Mein Onkel Franz war eine arbeitsfreudige Natur. Er hatte sich seine Stelle im Leben durch harte Arbeit erkämpft und als er guten Boden unter den Füßen hatte, war er bis in sein hohes Alter immer bestrebt zu lernen und seine Kenntnisse zu erweitern. Wenn er nicht tischlerte, so las er und studierte alles Neue. Immer mußte er Beschäftigung haben. Wie oft kam ich mit zerbrochenen Spielsachen zu ihm, die er mir wieder zusammenflicken mußte. Und am Abend hatte er gern Geselligkeit, machte eine Tarokpartie und trank ein Gläschen Wein. Scherz und ein frohes Wort hatte er gerne. Und mit größtem Humor erzählte er von seinen Jugendtagen und den Streichen, die er gemacht hatte. Als er gestorben war, lebte ich viel bei Tante Truda. Sie war allein, und so leistete ich ihr Gesellschaft beim Essen wenn sie in Wien war – und im Sommer war ich viel während meiner Ferien in Boppard.

Sonst war ich noch öfter mit Onkel Michel *(Michael Thonet jun.; Anm. d. Verf.)* zusammen, da ich öfter mit Onkel Franz zu Besuch hinging und derselbe auch in Boppard eine Villa hatte. Mit dessen Sohn Julius – der aber viel älter war als ich – habe ich später in Boppard eine Zeit lang viel gerudert. Er hatte ein schönes Boot und wir haben Ausflüge in die Umgebung gemacht. Mein erstes Rad bekam ich von Tante in Boppard geschenkt.

Das Haus von Tante war gerade für ein großes gesellschaftliches Leben sehr praktisch eingerichtet. Im unteren Stock waren die Gesellschaftsräume: ein kleines und ein großes Eßzimmer, Billardzimmer, Salon, Musikzimmer, Wohnzimmer und das schöne Achteck mit Springbrunnen *(gemeint ist der Raum im Turm – heute „Thonetzimmer" im Hotel Ebertor; Anm. d. Verf.)*. Im zweiten Stock waren dann die Schlafzimmer, resp. Fremdenzimmer, ein Wohnzimmer für Tante und eine Bibliothek. Unten im Parterre waren die Dienerzimmer, Küche und andere Wirtschaftsräume."

Brandkatastrophen

Als Franz Thonet über Silvester 1883/84 in Österreich weilte, brach in Boppard am Marktplatz ein Großbrand aus, der neben einigen Wohnhäusern das Gasthaus „Zum Rebstock" (heute Modehaus Stammer) und das 135 Jahre alte Rathaus vernichtete. Sogleich schrieb Jacob Henrich aus Boppard eine Nachricht an seinen Freund Franz Thonet mit der Hiobsbotschaft. Franz reagiert in seiner Rückantwort an Henrich vom 8. Januar 1884 allerdings sehr gelassen: „Die Sorgen soll der Teufel holen und man thut seine Schuldigkeit so gut und so lang man kann. Amen. Jetzt kommt ein anderes Kapitel, spitz die Ohren und halt das Maul auf oder zu. Das Feuer beim Rathaus und Rebstock muß schwer gewesen sein, doch ohne dies könnte man jetzt nicht daran denken, mit dem Markt und Kirchhof einen Plan zu machen [...]."

Zu diesem Zeitpunkt konnte Franz Thonet nicht ahnen, dass eine seiner Fabriken kurz darauf ein Raub der Flammen werden sollte. Denn schon knapp einen Monat später, Anfang Februar 1884, brannte es in Koritschan. Die „Bopparder Zeitung" berichtete: „Aus Koritschan wird gemeldet: Am 2. Februar Abends ist die hiesige Möbelfabrik der Firma Gebrüder Thonet bis auf das Wohnhaus, die Rasplerei, die Schmiede und die Dörröfen total niedergebrannt. Der Brand kam um 4 Uhr im Kesselhause zum Ausbruch. Des Feiertags wegen standen die Fabriklokalitäten leer. Ungeachtet die aus 90 Mann bestehende Fabriksfeuerwehr alsbald eingriff und von allen seiten Leute zur Hilfe herbeieilten, konnte der Brand nicht gedämpft werden, weil der größte Theil der Räume mit fertiger und halbfertiger Holzwaare angefüllt war. Die an der Straßenseite angebaute, durch eine Feuermauer und eiserne Thüren von der Fabrik getrennte Privatwohnung wurde durch das rasche Vermauern der eisernen Thüren gerettet.

Länger als 24 Stunden waren die Spritzen in Thätigkeit. Auf telegrafische Berufung ist der Chef der Bistritzer Fabrik, Herr Jacob Thonet, um 3 Uhr Morgens angelangt. Die Bevölkerung, zumeist aus Arbeitern bestehend, umstand mit schmerzbewegten Mienen die rauchenden Trümmer. [...] Die Fabrik ist schon einmal, am 7. Mai 1870, niedergebrannt. Die verbogenen, zerbrochenen zerschmetterten theuren Maschinen, welche sowohl vom ersten Stocke als auch von Mezzanin *(Zwischengeschoss; Anm. d. Verf.)* in den Sägeraum und das Parterre herunterfielen, lassen am deutlichsten die fürchterliche Verwüstung und den großen Schaden erkennen. Verletzungen sind trotz des muthigen Vordringens und der nächtlichen Thätigkeit der Feuerwehr und der Arbeiter nicht vorgekommen. – Die Fabrik in Koritschan wurde im Jahre 1856 erbaut. Sie war die zweitgrößte der den Gebrüdern Thonet gehörigen sechs Fabriken. Von diesen befinden sich vier in Mähren, eine in Ungarn und eine in Rußland. Die größte der Fabriken ist jene in Bistritz. Die Entstehungsursache des Brandes konnte bisher nicht ermittelt werden,

Das Stuhlmodell Nr. 20 (frühe, steife Formgebung), wahrscheinlich in Koritschan gefertigt. Die seitlichen Aussteifungswinkel zwischen Sitz und Rückenlehne wurden später hinzumontiert.

Das Stuhlmodell Nr. 20 mit ergonomischer Formgebung.

doch scheint es, daß die Unvorsichtigkeit eines Heizers das Unglück verschuldet hat. Der Schaden ist ein ungemein großer, doch war die Fabrik versichert.“

Interessant ist es, aus dem Artikel zu erfahren, dass die Produktionsstätte in Koritschan schon einmal niedergebrannt war – am 7. Mai 1870. Die Auswirkungen dieses Brandes werden in der Thonet-Forschung aktuell noch diskutiert. Ein Einblick in die Statistik der Absendungen macht das Ausmaß des Schadens jedoch einigermaßen deutlich: Im Jahr 1868 wurden in Koritschan 85.416 Möbelstücke abgesendet, im Jahr 1869 waren es bereits 90.097. Legt man diese Zahl als Basis für eine Kalkulation zugrunde, wurden dort also in vier Monaten ca. 30.000 Möbel produziert. 1870, im Jahr der Feuerkatastrophe, verließen 43.062 Möbel die Firma in Koritschan. Berücksichtigt man, dass bis zum Brand am 7. Mai 1870 bereits über vier Monate lang in vollen Umfang produziert worden ist, wären zum Zeitpunkt des Feuers mindestens ca. 30.000 Möbel ausgeliefert gewesen. Dies wiederum würde bedeuten, dass im restlichen Jahr 1870 nur noch ca. 13.000 Möbel den Firmenstandort verlassen hätten. Man muss bei dieser Überlegung also von einer sehr starken Beeinträchtigung der Produktion aufgrund des Feuers ausgehen.

Einer weiteren Hypothese (die von einer stetig steigenden Produktionszahl ausgeht) zufolge könnte es sogar möglich sein, dass die 43.062 Möbel bis zum 7. Mai ausgeliefert waren und der Brand die Produktion komplett zum Erliegen brachte. Für diese Hypothese spricht insbesondere ein Blick auf das Ausmaß des Anstiegs der Absendungen: Im Jahr 1872 wurden immerhin beachtliche 146.574 Möbelstücke aus Koritschan ausgeliefert – umgerechnet im Durchschnitt also knapp 49.000 in vier Monaten.

Es ist nicht ganz undenkbar, dass die frühen gusseisernen Formen (steifes Formgebungsdesign) durch die Brandhitze so gelitten hatten, dass sie unbrauchbar wurden. Somit wurden neue Formen nach dem Vorbild der Formen der Nachbarfabrik in Bistritz angefertigt. Die mittels dieser zweiten Generation von Formen gefertigten Produkte zeichnen sich durch eine andere ergonomische Gestaltung aus und garantieren so einen höheren Sitzkomfort.

Auch die thonetsche Fabrik in Bistritz blieb nicht vom Feuer verschont: Sie brannte im Jahre 1873 teilweise nieder.

Der Tod von Franz und Michael Thonet jun.

Franz Thonet starb am 8. Januar 1898 in Wien und wurde am 10. Januar auf dem Zentralfriedhof begraben. Als Todesursache des 77-Jährigen wurde im Totenschein „Alterschwäche“ eingetragen.

Noch bevor die Nachricht vom Tode Franz Thonets in der regionalen Presse von Boppard erschien, erhielt der Hausverwalter und Gärtner der thonetschen Villa, Josef Howen, einen mit fünf Siegeln (rundes Siegel mit Umschrift „Gebrüder Thonet Wien"; mittig Doppeladler mit Wappen) in rotem Siegellack verschlossenen Brief. In dem Umschlag befand sich neben 200 Mark folgendes Schreiben: „Wien, 14. Januar 1898. Anbei überreichen wir Ihnen den Betrag von M 200 - (:zweihundert Mark:), welche Ihnen von unserem verblichenen Herrn Franz Thonet für treu geleistete Dienste zugedacht sind. Wir sind überzeugt, daß Sie auch in Zukunft durch eifrige Pflichterfüllung, Treue und Anhänglichkeit das Andenken des Verstorbenen ehren werden. Bestens grüßend Carl Andreae."

Die Bopparder Zeitungen würdigten den Spätheimkehrer Franz Thonet mit Nachrufen und Berichten anlässlich seines Ablebens. Da diese Texte interessante Aufschlüsse geben über das Engagement der Thonet-Söhne außerhalb ihrer Arbeit für das eigene Möbelimperium, werden sie hier im vollen Wortlaut wiedergegeben. Unter der Überschrift „Trauerfeier für den verstorbenen Herrn Franz Thonet" meldet der „Bopparder Stadtanzeiger" am 18. Januar 1898:

„Von befreundeter Seite geht uns die in Wien am 12. Januar stattgefundene Trauerfeier für unseren ehemaligen Bopparder Mitbürger, Herrn Franz Thonet, folgender Bericht zu, dem wir hier wörtlich gerne Raum geben: Eine im Hinblicke auf die Oertlichkeit in Wien noch nie gesehene Feier fand am 12. Jan. Mittags im Foyer des Deutschen Volkstheaters statt, eine Feier, die so stimmungs- und weihevoll insceniert war, daß sie auf alle derselben Anwohnenden einen tiefen und bleibenden Eindruck ausübte. Die Feier galt dem Andenken und der Ehrung des vor wenigen Tagen verstorbenen Großindustriellen Franz Thonet, der sich als Gründer und erster Präsident des Deutschen Volkstheaters ein Hauptverdienst an dem Entstehen und Prosperiren dieses Kunstinstituts erworben. Die Trauerfeier, vom Ausschusse des Volkstheater-Vereines und von der Direction des Theaters gemeinschaftlich veranstaltet, hatte das Foyer im ersten Stock des Theater-Gebäudes zum Schauplatz. Im Vestibule und auf den zum Foyer führenden Stiegen und Gängen brannten die Lichter, und die Bediensteten des Hauses waren daselbst im Galakleide aufgestellt. Am Eingange zum Foyer empfingen Director v. Bukovics die Bauräthe Fellner und Helmer und eine Künstler-Deputation des Hauses mit Herrn Martinelli an der Spitze die Gäste. Das Foyer selbst war in einen Blumenhain umgewandelt, und zwischen mächtigen Palmen- und Lorbeer-Arrangements war die Büste Franz Thonets aufgestellt. Als die Trauergäste, unter welchen sich die sämmtlichen Mitglieder der Familie des Verewigten, der Ausschuß des Vereins und die Direction und Künstler-Deputation des Theaters, sowie zahlreiche persönliche Freunde des Hauses Thonet befanden, im Foyer Platz genommen hatten, ertönten aus dem Nebenraume leise Klänge eines Orgel-Präludiums. Als diese verhallt waren, ergriff zuerst der Vice-Präsident des Volkstheater-Vereines, Commercialrath Gerhardus, das Wort zu einer kurzen Ansprache. Er grüßte die Angehörigen der trauernden Familie, dankte ihnen für ihr Erscheinen und bat sie, im Sinne des Verewigten dem Unternehmen auch fernerhin schützend und fördernd zur Seite zu stehen. Commercialrath Gerhardus schloß seine Rede mit den Worten: ‚Wir wollen dem Wunsche Ausdruck geben, daß der deutsche Biedersinn und des Verstorbenen Freundschaft für edle Kunst dem Vereine erhalten soll. Franz Thonet wird von uns und von dem deutschen Volkstheater nicht vergessen werden!' Hierauf nahm Baurath Fellner das Wort zur Gedenkrede, in der er unter Anderm sagte:

Wenn wir in weihevoller Erinnerung uns vor der Büste Franz Thonet's versammelt haben, so ergreift uns zugleich mit dem Schmerze des Verlustes das erhebende Gefühl, ein nach jeder Richtung ehrlich und vollkommen ausgenütztes Menschenleben betrachten zu dürfen. Franz Thonet war einer der wenigen Menschen, die durch eigene Kraft, durch volle Bethätigung der Fähigkeiten ihres Geistes und ihres Herzens das Glück bis in ein hohes Greisenalter hinauf an ihre Fersen zu ketten gewußt haben.Trotz dieses ungeheuren Erfolges hat Franz Thonet nie vergessen, daß er als einfacher Arbeiter begonnen hat, und Jeder, ob hoch oder niedrig, galt ihm gleich, sofern er nur ein ehrlich strebender Charakter war. Ein gebürtiger Reichsdeutscher, fand Franz Thonet bald in unserm Wien eine zweite Heimath, die er ebenso von Herzen lieb gewann, wie er ihr zur Zierde gereichte. Und als der Gedanke entstand, dem Wiener Bürgerthum und den breiten Schichten der Bevölkerung ein deutsches Volkstheater zu erbauen, haben Franz Thonet und seine Brüder diese gute Sache sofort ergriffen und sind für sie mit voller Kraft eingetreten. ‚In Oesterreich und in unserer neuen Vaterstadt Wien', sagte damals Franz Thonet, ‚haben wir unser Vermögen verdient, und wir fühlen deshalb die Verpflichtung, für diese Stadt auch etwas zu schaffen!' Ein Familienzug, der sich in ihm besonders ausprägte, war das Wohlwollen, die Güte, die er seinen Nebenmenschen entgegenbrachte. Möge auch sie in den wild bewegten Zeiten, in denen wir leben, allen Wienern ein Vorbild bleiben. Sein Stolz war: ein deutscher Bürger zu sein. Und er war der Edelsten einer. Ehre seinem Andenken jetzt und immerdar!

Nachdem Baurath Fellner, dessen Rede tiefen Eindruck machte, geendet hatte, trat Director Bukovics vor, um in kräftigen markischen Worten Namens der Künstlerfamilie des Deutschen Volkstheaters dem Verewigten einen letzten Abschiedsgruß nachzusenden. Er sagte:

Franz Thonet, deutscher Bürger im deutschen Wien, Veredler deutschen Handwerks durch deutsche Kunst, hervorragender Mitbegründer und warmer Freund des Deutschen Volkstheaters, wir bringen dir im Namen des Kunstinstituts den letzten Abschiedsgruß unserer Gemeinschaft! Dein Name glänzt in der Vorhalle unseres Theaters, in Marmor gegraben, an der Spitze der Ehrenliste, welche die Namen der hervorragenden Begründer unseres Kunsttempels, die Namen des ersten Ausschusses kommenden Geschlechtern überliefern wird. Wir aber, die Künstlerfamilie, welcher das Deutsche Volkstheater ein sichers, trautes, warmes Heim geworden ist, wir graben deinen Namen, Franz Thonet, dankbar und tief in unser Gedächtnis. Ehre deinem Andenken!

In bewegten Worten brachte hierauf Herr Jacob Thonet den wärmsten Dank der Familie zum Ausdrucke und versicherte, daß dieselbe im Sinne ihres Seniors dem Volkstheater stets die weitesten Sympathien beweisen werde.

Mit der Absingung des Chorals „Friede den Entschlafenen" von Seyfried durch ein dreifaches Quartett von Sängern der Hofoper endete die überaus würdige Feier. Herr Franz Thonet hat der Pensionsanstalt des deutschen Volkstheaters den Betrag von 5000 Kronen testamentarisch zugewendet."

Die erwähnten Bauräte Ferdinand Fellner (1847–1916) und Hermann Helmer (1849–1916) hatten bereits 1882/83 die Planung und Bauleitung des Wiener Thonet-Hauses am Stephansplatz (Ecke Brandstätte und Rotenturmstraße) verantwortlich geleitet. Dieses repräsentative Gebäude war der Sitz der Wiener Zentrale des Thonet-Möbelimperiums und wurde im April 1945 in den letzten Kriegstagen durch Brand zerstört. Auch der Thonethof mit dem Café „Thonethof" in Graz wurde von Fellner und Helmer erbaut, die zu den bekanntesten europäischen Architekten ihrer Zeit zählten. Von ihnen stammen zahlreiche Bauten, u.a. auch verschiedene Theatergebäude.

Michael Thonet jun. starb Weihnachten 1902. Im „Bopparder Stadtanzeiger" erschien eine großformatige Todesanzeige mit nachfolgendem Text: „Vom tiefsten Schmerze gebeugt, geben die Unterzeichneten im eigenen, sowie im Namen aller Verwandten die betrübende Nachricht, dass ihr innigster Gatte, Vater und Grossvater, bezw. Bruder, Schwiegervater, Schwager, Onkel und Grossonkel, Herr Michael Thonet ehemaliger Gesellschafter der Firma Gebrüder Thonet, Grossgrundbesitzer heute Abend 6 1/2 Uhr, im Alter von 78 Jahren verschieden ist. Die entseelte Hülle des teueren Verblichenen wird Samstag, den 27. d. Mts., um 1/2 3 Uhr nachmittags, vom Trauerhause: I. Rothenturmstrasse Nr. 1, in die Metropolitan- und Domkirche zu St. Stefan überführt daselbst feierlichst eingesegnet und sodann auf dem Centralfriedhofe in dem Familien-Mausoleum beigesetzt. Die heiligen Seelenmessen werden Dienstag, den 30. d. Mts. um 10 Uhr vormittags in obengenannter Kirche gelesen. Wien, am 23. Dezember 1902 [...]."

Entgegen dieser Nachricht wurde als offizielles Sterbedatum Michael Thonets jun. der 25. Dezember 1902 angegeben, der auch auf seinem Grabstein vermerkt ist. Wie und aus welchen Gründen es zu dieser Diskrepanz von zwei Tagen zwischen dem in der Todesanzeige veröffentlichten und dem offiziellen Sterbetag kam, ist bislang nicht bekannt.

Die Gesamtanlage des Familienmausoleums der Familie Thonet auf dem Zentralfriedhof in Wien, aufgenommen im Jahre 2008.

Blick in das Zentrum des thonetschen Mausoleums, festgehalten im Jahre 2008.

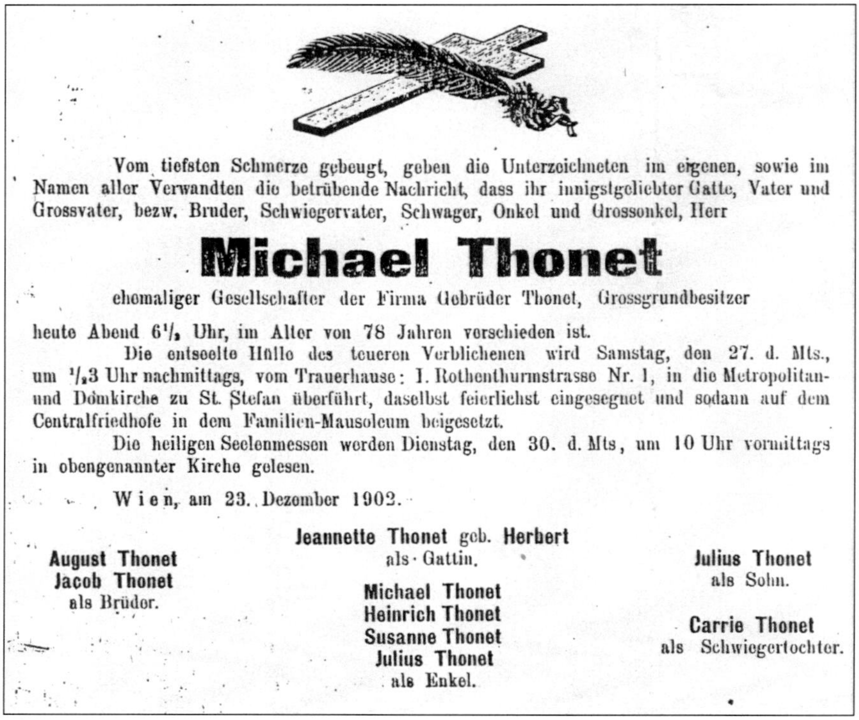

Vom tiefsten Schmerze gebeugt, geben die Unterzeichneten im eigenen, sowie im Namen aller Verwandten die betrübende Nachricht, dass ihr innigstgeliebter Gatte, Vater und Grossvater, bezw. Bruder, Schwiegervater, Schwager, Onkel und Grossonkel, Herr

Michael Thonet

ehemaliger Gesellschafter der Firma Gebrüder Thonet, Grossgrundbesitzer

heute Abend 6½ Uhr, im Alter von 78 Jahren verschieden ist.

Die entseelte Hülle des teueren Verblichenen wird Samstag, den 27. d. Mts., um ½3 Uhr nachmittags, vom Trauerhause: I. Rothenthurmstrasse Nr. 1, in die Metropolitan- und Domkirche zu St. Stefan überführt, daselbst feierlichst eingesegnet und sodann auf dem Centralfriedhofe in dem Familien-Mausoleum beigesetzt.

Die heiligen Seelenmessen werden Dienstag, den 30. d. Mts, um 10 Uhr vormittags in obengenannter Kirche gelesen.

Wien, am 23. Dezember 1902.

Jeannette Thonet geb. **Herbert**
als Gattin.

August Thonet
Jacob Thonet
als Brüder.

Michael Thonet
Heinrich Thonet
Susanne Thonet
Julius Thonet
als Enkel.

Julius Thonet
als Sohn.

Carrie Thonet
als Schwiegertochter.

Todesanzeige Michael Thonet junior im „Bopparder Stadtanzeiger".

Das Familienmausoleum auf dem Zentralfriedhof in Wien ist heute die Grabstätte der fünf Gebrüder Thonet. Auch die Gebeine von Vater Michael Thonet sen., der zunächst auf dem Wiener Friedhof St. Marx begraben gewesen ist, wurden später in das Mausoleum umgebettet. Auf dem Friedhof St. Marx erinnert heute lediglich eine kleine, schlichte und fast unleserliche Steinplatte an die ehemalige Begräbnisstätte von Michael Thonet sen.

IX. Spurensuche: Thonet in Boppard heute

Die Erinnerung an die wohl berühmtesten Söhne Boppards wird heute wach gehalten durch die ständige Ausstellung im Museum der Stadt. Auch wenn es auf der Sonderedition eines Briefumschlags als „Thonet-Museum" ausgewiesen wird, lautet sein offizieller Name allerdings „Museum der Stadt Boppard". Das Haus – untergebracht in der Kurfürstlichen Burg direkt am Rhein an der Anlegestelle der Rheinfähre – hat neben der Thonet-Abteilung auch diverse andere Ausstellungsschwerpunkte insbesondere regionalgeschichtlicher Art: über Römer, das Mittelalter, den Weinbau, sakrale Kunst, den Komponisten Humperdinck, den Maler Jöres und den Kupferstecher Stang sowie den Japanforscher v. Siebold, der übrigens Mitte des 19. Jahrhunderts in dem ehemaligen Kloster St. Martin (also an dem Ort, wo Franz Thonet sich 1842 selbstständig machen wollte) gewohnt hat.

In der Thonet-Abteilung des Museums wird ein Querschnitt der thonetschen Modellpalette von den Anfängen in Boppard, repräsentiert durch den „Bopparder Stuhl", über frühe schichtverleimte Objekte bis hin zu den Möbeln der Großserienproduktion aus massiv gebogenem Holz gezeigt. Die Sammlung des Museums zeigt jedoch keinen Längsschnitt der Firmengeschichte, sondern konzentriert sich ausschließlich auf die Möbel aus gebogenem Holz bis ca. 1920. Hier kann man insbesondere die klassischen Erfolgsmodelle des thonetschen Möbelimperiums bewundern – allen voran den Stuhl Nr. 14, den meistverkauften Holzstuhl der Möbelgeschichte.

Die Exponate im Museum geben in ihrer Vielgestaltigkeit einen überzeugenden Eindruck von der erwähnten Eleganz. Gezeigt wird auch der klassische Kaffeehausstuhl (Modell Nr. 4), der Michael Thonet den wirtschaftlichen Durchbruch in Wien brachte. Neben den zahlreichen Stuhlmodellen sind hier aber auch andere Möbel aus thonetscher Produktion zu bewundern: Puppen-, Kinder- und Kleinmöbel sind ebenso ausgestellt wie Fauteuils, Canapées, Tische oder Schaukelstühle. Glanzstücke der Ausstellung sind u.a. ein Schaukelsofa, ein mehrgliedriger Paravent, eine Babywiege, der Toilettenspiegel oder der fast zwei Meter hohe Ankleidespiegel. Außerdem erwarten den Besucher einige Überraschungen: ein Ammenstuhl, ein Buggy aus gebogenem Holz, ein Raucherstuhl oder ein Thonet-Tennis-Racket.

Sonderedition anlässlich der Eröffnung der Thonet-Abteilung im Museum in Boppard.

Ein Ausstellungsraum wird alljährlich mit einer Bugholz-Sonderausstellung bestückt. In zweijährlichem Rhythmus finden im Museum die „Thonet-Tage“ statt. Hier werden für die Besucher besondere Attraktionen rund um das Thema „Bugholz“ angeboten, z.B. Stuhlflechtkurse, praktische Demonstrationen zu technischen Aspekten des Holzbiegens, Fachvorträge, Restaurierungskurse und Auktionen. Darüber hinaus bietet das Museum nach Terminabsprache ca. 90-minütige Gruppenführungen durch die Thonet-Abteilung an, während derer sich die Besucher auf unterhaltsame Weise auf die Spuren Michael Thonets begeben können.

Das Thema „Thonet“ ist heute in Boppard an mehreren Örtlichkeiten präsent. Auf dem vorderen Markplatz (zwischen Stadthalle und Severuskirche) befindet sich der sogenannte Thonet-Brunnen. Hier sind die Rückenteile von Stühlen in ihrer typischen Biegung überdimensional nachempfunden – eine moderne Interpretation eines Künstlers vom Mittelrhein.

Die Bälzer Nachbarschaft ehrt am Zugang zur Walburgisgasse den ehemaligen Anwohner Michael Thonet durch zwei an der Hauswand angebrachte Metallrohrstühle im Thonetstil. An der ehemaligen Werkstatt in derselben Gasse hängt eine Marmortafel, die gleichfalls auf das Wirken Thonets hinweist. Jedoch weist sie einen inhaltlichen Fehler auf, denn Michael Thonet hat diese Werkstatt bekanntlich 1832/33 aufgegeben und ist in die Franziskanergasse umgezogen. Er hat also nicht, wie auf der Tafel zu lesen ist, bis 1842 hier gewohnt.

Die Grundschule Auf der Zeil in Boppard, ein Gebäude aus der Zeit des Zweiten Weltkriegs, hat sich Mitte der 1990er-Jahre den Namen „Michael-

Blick in die Thonet-Abteilung des Museums in Boppard: Modelltypen Nr. 16 und 17 (Design in Anlehnung an die Fassadengestaltung des Kristallpalastes in London).

Blick in die Thonet-Abteilung des Museums in Boppard: Möbelgruppe u.a. mit Fauteuil Nr. 51. Dahinter eine Gruppenaufnahme der fünf Thonet-Söhne.

Thonet-Schule" gegeben – und ein Museumsbesuch in der Thonet-Abteilung ist daher heute fester Bestandteil des Unterrichts im 4. Schuljahr.

Leider nicht mehr erhalten ist die prächtige Villa von Franz Thonet. Im Jahre 1927 hatte der Stadtrat beschlossen, die Villa für eine jährliche Rente an Frau Thonet anzumieten, um dort ein Kurhaus einzurichten. Die eigens zur Einrichtung der Kurbetriebe ins Leben gerufene Kurhaus-Aktiengesellschaft vermeldete dann im Frühjahr 1928 die Eröffnung des Kurhauses in der ehemaligen Thonet-Villa. Aber der Unternehmung war kein Erfolg beschieden: Schon ein Jahr später geriet die Kurhaus-AG in den Strudel der Weltwirtschaftskrise und ging im Oktober 1929 in Konkurs. Anschließend erwarb J.B. Bach für 40.000 Reichsmark das Inventar, pachtete das Haus auf drei Jahre und richtete einen Gastronomiebetrieb unter dem Namen „Stadtgarten" ein. Im Jahr 1934 kaufte E. Honnet das Inventar und wurde Pächter bei der Witwe Thonet, die nach dem Tod ihres Ehemanns noch einmal geheiratet hatte und nun mit Nachnamen Stoeck hieß. Honnet führte in dem Haus wie schon zuvor J.P. Bach eine Gastronomie – nun unter dem Namen „Hotel Rheinterrasse".

Das prächtige Gebäude wurde in den letzten Kriegstagen ein Opfer der Kämpfe zwischen den vom Hunsrück her vorrückenden amerikanischen Truppen und der Wehrmacht. Am 13. März begannen die Kämpfe um Boppard. Granatbeschuss und Tieffliegerattacken verursachten Gebäudeschäden in der gesamten Stadt. Am Vormittag des 15. März brach ein Feuer aus; vermutlich ausgelöst durch Phosphorgranaten. Während der Kampfhandlungen war ein Löscheinsatz natürlich unmöglich und so brannte das Gebäude vollkommen aus. Als die Amerikaner am 17. März Boppard besetzten, war das Haus nur noch eine niedergebrannte Ruine. Neben dem Verlust des Gebäudes ist insbesondere der Verlust des Inventars zu beklagen. Dazu gehört auch das Himmelbett von Franz Thonet, eine preisgekrönte Sonderanfertigung aus eigener Produktion.

Auf dem Grundstück, auf dem einst die Thonet-Villa stand, wird jedoch bis heute die Erinnerung an die Thonets in Ehren gehalten. Die Besitzerin des Hotels „Ebertor", das auf den Fundamenten der zerstörten Villa erbaut wurde, hat es sich selbstverständlich nicht nehmen lassen, ihr Hotelambiente entsprechend zu gestalten.

Auch andere Hotels, wie z.B. das „Bellevue", werten heute ihre Ausstattung mit originalen Thonet-Objekten auf. Und in einigen Schaufenstern in der Stadt tauchen gelegentlich einzelne Thonet-Möbel als Dekoration auf. In einigen Geschäften – z.B. bei Friseur Stedler und im Café Hähn – gehören solche Objekte mittlerweile zur Standarddekoration.

Auf Bugholzmöbel hat sich auch ein Restaurator spezialisiert, der in der Elterhofstraße ein kleines Antiquitätengeschäft eingerichtet hat, wo er vornehmlich Thonet-Objekte anbietet.

Ruine der Franz-Thonet-Villa, vom Rhein aus gesehen.

Ruine der Franz-Thonet-Villa, von der Heerstraße aus gesehen.

Bugholzbett Franz Thonets, verbrannt im März 1945.

Ansichtskarte um 1900 des Refektoriums des Marienbergs, ausgestattet mit Stuhlmodell Nr. 29.

Stuhlmodell Nr. 29 von Thonet.

Auch die Vertreter der Stadt Boppard sitzen heute auf original Thonet-Möbeln – allerdings nicht auf Antiquitäten, sondern auf Produkten der aktuellen Produktion aus Frankenberg. So sind u.a. der Rathaussaal und die neue Stadthalle mit Thonet-Stühlen ausgestattet. Neben mehreren Porträts prominenter Bopparder, geschaffen in der Werkstatt des Künstlers Aloys Rump, hängt in der Stadthalle natürlich auch ein Porträt von Michael Thonet sen.

Die Zahl der Liebhaber von Thonet-Objekten in der Stadt ist immens hoch und sehr viele Bopparder besitzen diverse alte Möbel von Thonet. Zumeist stehen sie dekorativ (und nicht zur Benutzung freigegeben) in privaten Fluren, Dielen oder Wohnzimmern. Gemessen an der Vielzahl der noch vor ca. 100 Jahren vorhandenen Thonet-Möbel in Boppard ist die Anzahl der heute noch erhaltenen Objekte jedoch verschwindend gering. Auch das Mobiliar aus dem Refektorium des Klosters Marienberg, einst eingerichtet mit dem Stuhlmodell Nr. 29, ist bis auf drei Einzelstücke heute nicht mehr erhalten.

Nicht zuletzt können Thonet-Liebhaber auf ihrer Spurensuche in Boppard noch immer zu dem durch die Thonets finanzierten Aussichtstempel „Thonetshöhe“ wandern. Allerdings ist der zu Lebzeiten von Franz Thonet

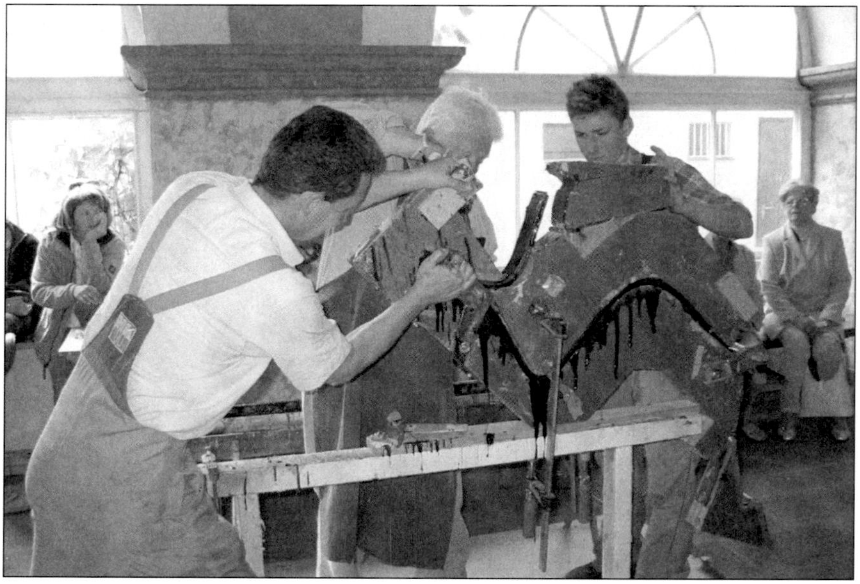

Herstellung einer Replik des „Bopparder Stuhls" durch Franz und Franzwerner Junker im Museum in Boppard 2005.

angelegte Weg vom ehemaligen Schützenplatz aus mittlerweile nicht mehr vorhanden. Aber es gibt nun ebenso attraktive alternative Wege hinauf zu dem Aussichtstempelchen, wo der „Thonet-Rundwanderweg" über die Eisenbolzhöhe beginnt.

1996 haben die Bopparder Schreiner Franz und Franzwerner Junker nach den Patentzeichnungen von Michael Thonet Schablonen zur Reproduktion des Bopparder Schichtholzstuhls angefertigt. Dabei deckten die beiden Schreinermeister auf, dass Thonet in seinen Zeichnungen wohl aus Misstrauen absichtsvoll drei „Fehler" eingebaut hatte. Denn alle Versuche, in hundertprozentiger Umsetzung von Thonets Patenteinreichung einen „Bopparder Stuhl" herzustellen, misslangen. Erst nach technischen Modifikationen ist es der Schreinerei Junker gelungen, den berühmten „Bopparder Stuhl" in dem urtümlichen Verfahren durch Köcheln im Leimbad und danach vermittels Schablonen zu biegen. Zwei der Junker-Repliken befinden sich aktuell im Besitz der „Pinakothek der Moderne" in München.

Epilog

Jacob, der jüngste der Thonet-Brüder, der bei der Umsiedlung von Boppard nach Wien noch ein Kleinkind war, ließ anlässlich seines 70. Geburtstages am 30. Oktober 1911 in einer Tischrede die Vergangenheit Revue passieren:

„Ich danke Euch allen ihr Lieben herzlichst, daß ihr mir die große Freude bereitet habt, Euch heute hier bei uns zu versammeln. – Der Anlaß ist ja, je nachdem man es nimmt ein betrübender, aber er ist auch ein freudiger; denn je älter man wird, desto mehr weiß man das Familienglück zu schätzen und desto mehr freut man sich, die ganze liebe Familie wieder einmal beisammen zu sehen, besonders wenn man, wie dies bei uns der Fall, so befriedigend auf die Vergangenheit zurückblicken kann.

Mir ist es in meinem ganzen Leben immer gut gegangen; denn ich wußte mich von meinen mir unvergesslichen Eltern und Brüdern geliebt und vielleicht sogar ein wenig verzogen, ich wußte wie sie alle für mich gesorgt und sich auch für mich geplagt haben. Ich werde ihnen das auch nie vergessen, und es bis zu meinem letzten Atemzuge zu schätzen wissen.

Ein Tag wie der heutige ist so recht dazu angethan, Erinnerungen aus der Kindheit wachzurufen. – Ich war 4 1/2 Jahre alt, – (weiter zurück geht mein Gedächtnis nicht) – mein Vater mit meinen Brüdern arbeitete damals noch bei Leistler. Wir wohnten in einem kleinen armseligen ebenerdigen Häuschen auf dem Leistlerschen Grunde. Es war an einem Sonntag Nachmittag, Nur meine Mutter und Bruder August waren zu Hause. Da fragte mich Bruder August: ‚Männche', (so nannte man mich; und auch noch mit 16–17 Jahren war ich immer noch ‚et Männche') willste Klavierspiele lerne? Ich sagte freudig zu und sofort begann der Unterricht. Das war mein erster Klavierunterricht und wahrlich nicht mein schlechtester! Bruder August componirte mir sofort ein leichtes Übungsstück, auf welches ich mich auch heute noch erinnere. Wir haben dann im Leben viel zusammen musiciert und harmonirt haben wir immer!

In diesem Häuschen erlebten wir auch mancherlei Trauriges, so auch die 48er Revolution. Nun die hat mich wenig genirt. Ich hatte ja schulfrei, die gehörten Schüsse schreckten mich nicht, aber ich erinnere mich noch, wie mir das Kommissbrot schmeckte, welches meine Brüder vom Exerciren heimbrachten.

Jacob Thonet; Illustration aus dem „Illustrirten Oesterreichischen Journal" 1887. Im Jahre 1929 starb er als letzter der fünf Thonet-Brüder in Wien.

Gabriele Thonet, geb. Dieblich, Ehefrau von Jacob Thonet. Aufnahme der k.u.k. Hoffotografin Adèle aus Wien, 1872.

Die nächste Etappe in meinen Erinnerungen war die, als Vater das Verhältnis mit Leistler gelöst und die selbständige Werkstätte (mit daran stoßender Wohnung) im II. Stock i. d. Gumpendorfer Hauptstraße errichtet wurde. Beim Umzug hatte ich nur das Haus schlecht gemerkt und als ich Tags darauf zum erstenmale aus der Schule heimkehren wollte, fand ich nicht nach Hause und irrte eine zeitlang weinend in den Gassen herum. Es scheint, daß ich schon damals sehr zersteut war!

In dieser Werkstatt wurden u.A. auch die Kunstmöbel für die 51er Londoner Weltausstellung gearbeitet welche heute in unserem Museum in Schloß Wsetin stehen. Die Brüder arbeiteten daran oft bis in die Nacht hinein, und wenn ich mit meinen Schulaufgaben fertig war, mußte ich dem einen oder anderen zu heikler Arbeit mit der Talgkerze an der Hobelbank leuchten (Petroleum war noch nicht eingeführt und die Lichtputzscheere spielte eine große Rolle!) Mir that oft der Arm schon weh vom langen Leuchterhalten, und als ich mich einmal darüber beklagte, da sagte mir Bruder Josef scherzhaft: ‚Wie wir so klein waren, haben wir den ganzen Tag leuchten müssen.'

1853 wurde in die Mollardmühle (nächst der Sechshauserlinie) übersiedelt; da giengs schon an einem anderen Tone; dort wurde der Grundstock zur heutigen Fabrikation gelegt; aber es waren noch recht bescheidene Verhältnisse! – Den Viktor *(Sohn von Jacob; Anm. d. Verf.)* habe ich später einmal hingeführt (er hat auch das Haus vor seiner Demolierung noch fotografiert) und habe ihm unser einstiges bescheidenes Speisezimmer gezeigt, wo wir alle um einen großen runden Tisch herum saßen.

Dort wurden, wenn alle müde und hungrig von der Arbeit zu Tische kamen großartige Appetite entwickelt. – Ich erinnere mich, daß einmal an einem Freitage Zwetschkenknödel um die Wette gegessen wurden. Bruder August hoffte mit zurückgelassenen 25 Kernen den höchsten Record erreicht zu haben, wurde aber von Schwager John Bovingdon (Carry's Bruder) der es auf 26 brachte geschlagen! – Ihr staunt wohl über diese Mengen, aber ich kann Euch bei meinem guten Zahlengedächtniß versichern, daß es um keine einzige mehr waren. – Die arme Mutter, die mit der grantigen alten Köchin Kathi so viele kochen mußte!

Das war damals ein lustiges Leben und Treiben in der Mollardmühle. Alle Brüder kreuzfidel, sangesfreudig und trotz schinden und plagen den Kopf voll Allotria. – Es wurde ja auch schon einer frohen gesicherten Zukunft entgegengesehen.

Im Jahre 1856 kam ich (nach Austritt aus der Schule) zu den Eltern nach Koritschan, wo ich Vater bei der Bauaufsicht helfen durfte und böhmisch lernen mußte – und seitdem bin ich – nun 55 Jahre ununterbrochen im Geschäfte thätig.

Mir ist es, wie gesagt, in meinem ganzen Leben immer gut gegangen, ich war immer zufrieden, wie ich es auch heute bin. Für mich bin ich wunschlos,

Die Thonet-Fabrik in Wsetin um 1885, gezeichnet von F. Kopallik.

Die Mollardmühle.

habe heute nichts mehr anzustreben; ich habe nur den einzigen Wunsch, daß auch ebenso alle Familienmitglieder glücklich und zufrieden sein und bleiben mögen, und soll es ab heute meine Hauptaufgabe sein, nach Kräften das Meinige dazu beizutragen. [...] Ich möchte gerne noch recht lange leben – aber nur eines: alt werden möchte ich nicht!

Jacob Thonet.“

Weiterführende Literatur (Auswahl)

ANDÉS, L.E.: *Die Holzbiegerei und die Herstellung der Möbel aus gebogenem Holz.* Wien und Leipzig 1903

ASENBAUM, S. / HUMMEL, J. (HG.): *Gebogenes Holz. Konstruktive Entwürfe – Wien 1840–1910.* Wien 1979

BANG, O.: *Thonet. Geschichte eines Stuhls.* Stuttgart 1979

BANGERT, A.: *Thonet-Möbel. 2. Aufl.* München 1979

BANGERT, A. / ELLENBERG, P.: *Thonet Möbel. Ein Handbuch für Liebhaber und Sammler. 2. Aufl.* München 1993

BENJE, P.: *Frühe Sägemaschinen, Möbelfabriken und Dampfmaschinen.* in: SCHMIDT, D.: *Gewerbefleiß. Handwerk, Klein- und Mittelbetriebe seit 1850.* Bremen 1997

BERGMANN, E.: *Der Wiener Sessel. Thonets Schreibfauteuil Nr. 9.* Detmold 1999

BOTT, G. (HG.): *Sitzgelegenheiten. Bugholz- und Stahlrohrmöbel von Thonet.* Nürnberg 1989

CANDILIS, G.: *Bugholzmöbel. 3. Aufl.* Stuttgart u. Zürich 1997

DEUTSCHE ZOLLVEREINS REGIERUNGEN (HG.): *Amtlicher Bericht über die Industrie- und Kunst-Ausstellung zu London im Jahre 1862.* Berlin 1863

EXNER, W.F.: *Die mechanische Technologie des Holzes.* Wien 1871

DERS.: *Das Biegen des Holzes, ein für Möbelfabrikanten, Wagen- und Schiffbauer, Böttcher etc. wichtiges Verfahren. Mit besonderer Rücksichtnahme auf die Thonetsche Industrie. 3. Aufl.* Weimar 1893

FRAUENBERGER, M.: *Boppader Bürgerbuch 1569–1800.* Boppard 1999

GEBRÜDER THONET AG (HG.): *Das Haus Thonet.* Frankenberg/Eder 1969

GLEININGER, A.: *Der Kaffeehausstuhl Nr. 14 von Michael Thonet.* Frankfurt/M. 1998

HELLER, H.: *Michael Thonet. Lebens- und Charakterbild.* Brünn 1926

HOFFMANN, H.: *„Struwwelpeter-Hoffmann“ erzählt aus seinem Leben.* Frankfurt/M. 1926

KÄHNE, H.: *Auf Biegen und Brechen. Sitzmöbel im Thonet-Design. In: 7 RAAbits Kunst.* Heidelberg 1996

DERS.: *Thonet. Bugholz-Klassiker. Eine Einführung in die Schönheit und Vielfalt der Thonet-Möbel.* Briedel 1999

DERS.: *Möbel aus gebogenem Holz. Ein Blick in die Thonet-Sammlung des Museums der Stadt Boppard.* Boppard 2000

DERS.: *Das Thonetsche Rad. In: Landesbank Rheinland-Pfalz (Hg.): Lebendiges Rheinland-Pfalz – Möbel, Marken & Design, Heft 1/2007*

KRETSCHMER, W.: *Geschichte der Weltausstellungen.* Frankfurt/M. und New York 1999

LÖBER, U. (HG.): *Thonet. Biegen oder Brechen.* Koblenz 1996

MANG, K.: *Geschichte des modernen Möbels. Von der handwerklichen Fertigung zur industriellen Produktion. 2. Aufl.* Stuttgart 1978

DERS.: *Thonet. Bugholzmöbel.* Wien 1982

MASSOBRIO, G. / PORTOGHESI, P.: *Casa Thonet. Storia dei mobili in legno curvato.* Rom, Bari 1980

MINISTÈRE DE LA CULTURE ET DE LA COMMUNICATION (HG.): *L'industrie Thonet. De la création artisanale à la production en série: le mobilier en bois courbé.* Paris 1986

MISSLING, H.E. (HG.): *Boppard. Geschichte einer Stadt am Mittelrhein. Zweiter Band.* Boppard 1994

OSTERGARD, D.E. (HG.): *Bent Wood and Metal Furniture 1850–1946.* New York 1987

OTTILINGER, E. (HG.): *Gebrüder Thonet.* Wien, Köln, Weimar 2003

RENZI, G. UND C.: *Curve e Biondi Riccioli Viennesi.* Mailand 2000

RENZI, G: *Thonet 14.* Mailand 2003

SANTORO, G.: *Il Caso Thonet.* Rom 1966

SELLE, G.: *Geschichte des Design in Deutschland.* Frankfurt/M. und New York 1994

THONET: *Michael Thonet, ein Gedenkblatt aus Anlaß der Hundersten Wiederkehr seines Geburtstages 2. Juli 1896, von seinen Söhnen und Enkeln.* Wien 1896

UHLIR, J.: *Thonet.* Olmütz 2001

DERS.: *Semper sursum. Jacob & Josef Kohn.* Prag 2005

VEGESACK, A. V.: *Michael Thonet. Leben und Werk.* München 1987

DERS.: *Das Thonet-Buch.* München 1987

DERS.: *Thonet. Classic Furniture in Bent Wood and Tubular Steel.* London 1996

VIVES CHILLIDA, J.: *Jacob & Josef Kohn: Una mirada desbe Barcelona.* Barcelona 2006

WERNER, E.: *Der Kristallpalast zu London 1851.* Düsseldorf 1970

ZELLEKE, G. / OTTILLINGER, E. / STRITZLER, N.: *Against the grain. Bentwood Furniture from the Collection of Fern and Manfred Steinfeld.* Chicago 1993

Kataloge und Katalog-Nachdrucke der Firma Gebrüder Thonet (Auswahl)

1883: Gebrüder Thonet, mit einem Supplement zum Musterbuch
1885: In: Ottilinger, E. (Hg.), Wien 2003
1888: Graham Dry Verlag, 2. Aufl. München 1983
ca. 1890/91: In: Renzi, Mailand 2000
1890: Gebrüder Thonet, Gesamtkatalog Sept. 1890
1895: Gebrüder Thonet, Frankenberg 1980
1897/98: Gebrüder Thonet, Frankfurt/M.: Lawn-Tennis
1901: Gebrüder Thonet
1904: Collections Livres: Gebrüder Thonet – Meubles de bois courbé
1904: Dover Publikations, Vorwort von Wilk, Chr., New York 1980
1904: Th. Schäfer Verlag, Vorwort von Ellenberg, P., Hannover 1999
1905: Thonet Frères (Bruxelles / Anvers)
1906/07: Thonet Brothers. Catalogue of the USA, New York
1911/1915: Österreichischer Kunst- und Kulturverlag, Wien 1994
1914/18: Gebrüder Thonet, Gesamtkatalog

Bildnachweis

Archiv Franz-Josef Breitbach: Seite 76 u., 114; Archiv Peter Ellenberg: Seite 55; Archiv Elisabeth Fußhöller: Seite 75, 76, 79; Archiv Angelika Gütlich: Seite 51 o., 102 u.; Archiv Erich M. Hermanspahn: Seite 118 u.; Archiv Heinz Kähne: Seite 12, 13, 15, 16, 2, 23, 51 u., 66, 67, 71, 82, 88, 89, 93, 98, 102 o., 111, 112, 115, 122 u.; Archiv Vera Kellner: Seite 117; Archiv Rudolf Kleewein: Seite 60; Archiv Rheingässer Nachbarschaft Boppard: Seite 13; Archiv Rudolf Schoeneberger: Seite 30; Archiv Lutz Stedler: Seite 118 o.; Archiv Hans Thiel: Seite 33, 48, 69, 70, 74, 81, 122 o., 123; Archiv VVV-Boppard: Seite 91; Museum der Stadt Boppard: Seite 10, 25, 28, 29, 32, 38, 39, 57, 59, 120, 124; Museum Thonet Frankenberg: Seite 43, 44; L.E. Andés: Holzbiegerei, Leipzig 1903: Seite 72.

Alle anderen Fotografien von Christine Kähne.

Die Heimat entdecken!

Von Kiel bis Wien,
von Aachen bis Görlitz:
Entdecken Sie Alltagsgeschichten
aus Ihrer Heimatstadt!

Leben in der Großstadt …

Tauchen Sie ein in das quirlige Großstadtleben vergangener Tage. Spazieren Sie über breite Boulevards und stürzen Sie sich ins Nachtleben. Erkunden Sie ihre Stadt durch die Fensterscheiben einer Straßenbahn oder des ersten Käfers und bewundern Sie prächtig geschmückte Schaufenster.

… und ländliche Idylle

Wie sah das Leben in Ihrer Heimat aus, als die Bauern noch mit Pferden pflügten und jedes Dorf seinen eigenen Schmied hatte, jeder noch jeden kannte und das Leben sich zwischen Kirche, Wirtshaus und Wohnküche abspielte?

Erinnerungen an die Schulzeit …

Erinnern Sie sich noch an die Zeiten von Abakus und Schiefertafel, an Klassenausflüge oder den ersten Taschenrechner? Blicken Sie zurück auf große Klassen und gestrenge Schulmeister, entdecken Sie auf Klassenfotos Freunde und Bekannte von früher!

Gesellige Stunden im Verein …

Fußballclub und Schützenverein, Musikkapelle und Gesellenverein: Schauen Sie zurück auf Volksfeste und Turniere, Chorproben oder Prunksitzungen. Erinnern Sie sich an schöne Stunden und das gesellschaftliche Leben in Ihrer Heimat.

Zeitfracht Medien GmbH
Ferdinand-Jühlke-Straße 7
99095 Erfurt, Deutschland
produktsicherheit@kolibri360.de

Druck:
CPI Druckdienstleistungen GmbH
im Auftrag der
Zeitfracht Medien GmbH
Ein Unternehmen der Zeitfracht - Gruppe
Ferdinand-Jühlke-Str. 7
99095 Erfurt